W. H. Romhold

Die letzten Tage eines Altkatholiken

Bilder aus dem deutschen Kulturkampfe

W. H. Romhold

Die letzten Tage eines Altkatholiken
Bilder aus dem deutschen Kulturkampfe

ISBN/EAN: 9783743482357

Hergestellt in Europa, USA, Kanada, Australien, Japan

Cover: Foto ©ninafisch / pixelio.de

Manufactured and distributed by brebook publishing software (www.brebook.com)

W. H. Romhold

Die letzten Tage eines Altkatholiken

Die letzten Tage

eines

Altkatholiken.

Bilder aus dem deutschen Culturkampfe

von

Dr. W. H. Romhold.

Motto: Herzensfriede ist dein Streben,
Friede, der den Sünder flieht
Denk', daß nur im reinen Leben
Christi süßer Friede blüht.

Regensburg, New York & Cincinnati,
Druck und Verlag von Friedrich Pustet.
1875.

Erstes Kapitel.

Der reuige Sohn.

Auf dem Friedhofe zu M. herrschte die Ruhe des Todes. Die Pappeln, welche die Umfassungsmauer rahmten, knisterten im Abendwinde und die zahlreichen Trauerweiden auf den Gräbern neigten ihre langen Aeste leise rauschend noch tiefer zur Erde nieder, als wollten sie die Stelle ferner Lieben an den Todten vertretend die Erde küssen, welche die irdische Hülle der Geschiedenen in ihrem Inneren barg. Die Blumen, welche von sorgsamer Hand gepflegt, die Gräber schmückten, begannen ihre Kelche zu schließen, die zahlreich durch die Luft schwirrenden Käfer ließen sich einer nach dem andern zur Nachtruhe auf den Grashalmen nieder und tausende von Grillen begannen zwischen den Hügeln ihr einförmiges Lied. In der Stadt und den umliegenden Dörfern läuteten die Glocken, in vielstimmigem Chore der Gottesmutter ihren Abendgruß zu den Himmeln empor und weckten in tausenden gläubiger Herzen und betender Lippen die Worte der Liebe: Ave Maria. Die ganze Natur war so ruhig, so feierlich, als hätte des Ewigen Schöpferhand einen Theil jenes sabbatlichen Friedens über sie ausgegossen, den Er uns als Lohn des gut vollbrachten irdischen Tagwerkes in einem Himmel verheißen hat.

1*

Zwiſchen den Gräbern des Friedhofes hin ſchritt leiſe betend ein Mann im langen Prieſterkleide. Seine edlen Züge voll Milde und Güte waren von ſchnee= weißen Locken umrahmt; ſein Auge richtete ſich oft ſehnend zum Himmel empor und blickte dann wieder zu den Grabſteinen nieder, während ſeine Rechte von Zeit zu Zeit das Kreuzzeichen ſegnend über den Hügeln bildete. Da ruhten ſo viele, viele, die er im Leben ge= kannt und geliebt, die er in ihren Schmerzen getröſtet, in ihren Verſuchungen geſtärkt, auf ihrem Sterbelager zum Hintritte in die Ewigkeit vorbereitet hatte. Wie manche von ihnen hatte er als Neugeborene getauft, als Knaben und Mädchen unterrichtet und zum erſten= male zum Tiſche des Herrn geführt, als Jünglinge und Jungfrauen am Altare im Bunde der Ehe vereinigt und im Tode als tröſtender Friedensbote bis an die Pforten der Ewigkeit geleitet. Bunt wechſelnde Bilder vergangener Jahre, die Erinnerung an Sorgen und Mühen, an Freud und Leid tauchten beim Anblicke dieſer kleinen Hügel in ihm auf, und mehr als ein= mal entſtieg ſeinen Lippen das flehende Gebet: „Herr, gib ihnen die ewige Ruhe.“

Plötzlich ſtand der greiſe Pfarrer ſtill; von einem größeren Grabdenkmale, welches zwei mächtige Trauer= weiden faſt ganz umhüllten, drang ein leiſes Weinen an ſein Ohr. Wer mochte das ſein? Das Grabmal war ihm wohlbekannt; es barg Vater und Mutter eines jungen Mannes, den er als Kind mit beſonderer Liebe überwacht, der aber nach dem frühen Tode ſeiner frommen Eltern in den Händen gottentfremdeter Erzieher alle Liebe zu seinem heiligen Glauben so sehr verloren hatte, daß er nicht nur schon seit Jahren die heiligen Sakramente nicht mehr empfangen und keine Kirche mehr besucht, sondern sich sogar jener Klasse von Menschen angeschlossen hatte, die sich Altkatholiken nennen. Das ziemlich bedeutende Vermögen, das ihm seine Eltern hinterlassen, hatte ihm Mittel und Gelegenheiten genug geboten, seinen verkehrten Neigungen sich hinzugeben, und alle Versuche des frommen, früher von ihm hochverehrten Pfarrers, ihn auf bessere Wege zurückzuführen, waren fruchtlos geblieben; er setzte sein ärgernißgebendes Leben fort. Bei so bewandten Umständen konnte es dem Greise kaum in den Sinn kommen, daß dieser junge Mann hier einsam am Grabe seiner Eltern weine. Neugierig, wer der späte Kirchhofbesucher wohl sein möge, trat er deshalb dem Grabe einige Schritte näher, blieb aber vor Staunen wie angewurzelt stehen als er den nämlichen jungen Mann auf dem Grabe knieen und den Sockel des schwarzen Marmorkreuzes, das er fest umschlungen hielt, mit seinen Thränen benetzen sah.

„Verzeihung, theure Eltern, Verzeihung!" so hörte er den Weinenden, der ihn nicht bemerkt hatte, flüstern; „ich habe schwer gefehlt; ich war Euer unwürdig; aber ich bin umgekehrt; Gott hat mich gerufen; ich habe ein anderes Leben begonnen; mit seiner Gnade will ich ausharren —."

Der greise Priester hielt den Athem an, ein Gefühl unaussprechlicher Freude erfüllte seine Seele. Was war mit dem Jüngling vorgegangen? Sein erster Gedanke war, sich leise zurückzuziehen und den Betenden sich selbst zu überlassen. Er trat vorsichtig hinter einen der nächsten Grabsteine und entfernte sich, als seine Anwesenheit unbemerkt geblieben, rasch nach dem Ausgange des Kirchhofes zu. Dort angekommen, beschloß er die Rückkehr des Jünglings zu erwarten, um die günstige Stunde der Einwirkung auf denselben nicht unbenützt verstreichen zu lassen. Er wartete eine Viertelstunde, eine halbe Stunde; der Jüngling kam immer noch nicht. Es begann zu dämmern und wurde kühler; der eifrige Seelenhirte achtete nicht darauf; er flehte in heißem Gebete zu Gott, daß er ihm beistehen wolle, die begonnene Bekehrung des verirrten Schäfleins glücklich fortzusetzen und zu vollenden.

Endlich vernahm er auf dem Kieswege rasche Tritte; der Ersehnte nahte. Der Pfarrer blieb stehen und empfing den Jüngling mit dem freundlichen Gruße: „Guten Abend, Herr Wallenberg."

„Guten Abend, Herr Pfarrer;" antwortete der Angeredete ebenso freundlich, „es ist mir außerordentlich lieb, Sie hier zu finden; denn ich wollte Sie gerade heute Abend besuchen."

„Ihr Besuch wird mir sehr angenehm sein. Darf ich Sie wohl bitten, mich in's Pfarrhaus zu begleiten?"

„Ich bin so frei, Ihr Anerbieten anzunehmen, hochwürdiger Herr Pfarrer. Ich bin heute von einer Reise zurückgekehrt und habe sofort nach meiner Ankunft das Grab meiner lieben, theuren Eltern aufgesucht, um da für sie und für mich zu beten."

„Das ist schön," entgegnete der Pfarrer; „Gott wird Ihnen diese kindliche Liebe gewiß lohnen. Sie waren also verreist? War das Ziel der Reise weit entlegen?"

„Doch nicht, hochwürdiger Herr; ich bin nicht über das Kloster Friedenthal hinausgekommen. Aber trotzdem die Reise so kurz war, so hat sie doch für mich eine unaussprechlich hohe Bedeutung. Auf dieser kleinen Reise habe ich die Irrwege kennen gelernt, auf welche ich seit dem Tode meiner guten, seligen Mutter gerathen war; und habe den festen Entschluß gefaßt, ein anderer, ein guter Mensch zu werden. Und gerade in dieser Angelegenheit wollte ich noch heute, am ersten Tage meiner Rückkehr, mit Ihnen sprechen. Wollen Sie, hochwürdiger Herr Pfarrer, die Güte haben, mir beizustehen, damit ich die gefaßten guten Vorsätze ausführe?"

„Welche Frage, lieber Herr Wallenberg?" rief der Greis freudig.

„Gott sei gelobt und gepriesen, daß er mein Gebet erhört hat. Welch' ein Glück! Aber da sind wir im Hause, treten Sie ein, lieber Freund; — he, Marie, Licht, eine Flasche vom Besten und zwei Gläser. Gott sei Dank, tausend Dank. Kommen Sie, — hier, — nehmen Sie Platz, machen Sie sich's bequem. Welch' eine Freude, noch in meinen alten Tagen. Aber erzählen Sie, wie ist das vor sich gegangen?"

„Ich kann Ihnen gar nicht beschreiben, Herr Pfarrer," antwortete Wallenberg, sich niederlassend, „wie wohl es mir um's Herz ist! Ich bin so glücklich, so zufrieden; ich habe im Kloster Friedenthal mehrere Tage in stiller Zurückgezogenheit zugebracht, dann eine Beichte über mein ganzes vergangenes Leben abgelegt und als ich fertig war, als der gute Pater mir die heilige Abso= lution ertheilt hatte, da hätte ich laut aufjubeln mögen von innerer Seelenfreude. Seit jenem Tage bin ich wie umgewandelt; froh, wie ich einst als Kind gewesen bin. Und wenn ich jetzt an die Abentheuer zurückdenke, die mich Gott auf meiner Reise hat erleben lassen und durch die er mich zur Besinnung gebracht hat; dann möchte ich darüber lachen, obgleich ihr Ausgang so ernst und heilsam für mich war. Als ich hier ankam, trieb es mich mit Gewalt zum Grabe meiner guten Eltern, um sie unter Thränen für die Unehre, die ich ihrem Namen gemacht, um Verzeihung zu bitten. Welch' ein Thor war ich, Frieden und Herzensruhe in den erbärm= lichen Freuden dieses Lebens zu suchen, während ich sie doch so leicht da hätte finden können, wo ich sie jetzt gefunden habe."

„Nun," entgegnete der Pfarrer, indem er die Glä= ser füllte und mit dem jungen Manne anstieß, „daß ein Mensch in Ihren Jahren, besonders wenn ihm aus= reichende Mittel zur Verfügung stehen, sich von den Leidenschaften fortreißen läßt, ist nicht schwer zu begreifen. Sehen wir ja doch dieses Schauspiel Tag für Tag. Was mich bei Ihnen Wunder nahm und in gewissem Sinne auch am meisten verdroß, war, daß Sie sich diesem altkatholischen Treiben hingaben und sich Leu= ten als Führern anschlossen, welchen doch meistens nichts ferner liegt, als das Interesse für die wahre

Religion. Der katholischen Kirche und ihren Sitten=
gesetzen den Rücken kehren, dann aber auch jeder Reli=
gion entsagen und dem Thiere gleich in der Befriedig=
ung der Leidenschaften das Erdenglück suchen, das
läßt sich noch begreifen. Die Leidenschaft reißt ja so oft
den Menschen mit sich fort. Aber aus angeblicher Liebe zur
wahren Religion der katholischen Kirche den Rücken kehren
und sich einer Verbindung von Menschen anschließen, von
denen viele längst jeder Religion entsagt haben, sich einer
Autorität unterwerfen, die sich selbst doch nur unter Miß=
achtung der von Gott gesetzten Autorität erheben konnte,
das war und ist mir unbegreiflich.“

„Einer Autorität unterwerfen?“ rief Wallenberg.
„Aber Herr Pfarrer, glauben Sie denn wirklich, daß
wir uns Herrn Reinkens als unserem „Bischofe“ unter=
worfen hätten? Mein Gott; wir haben ihn erwählt, um
der von uns bis in den Tod gehaßten katholischen Kirche
Opposition zu machen. Was hält denn die Altkatholi=
ken zusammen? dieser „Bischof“ und die ihm vom Staate
verliehene „Hirtengewalt?“ Der Kitt, der uns verband,
war Ueberdruß an gewissen Fesseln, welche der katholische
Glaube uns auferlegte, Haß gegen jede Religion, und
die Hoffnung auf sonstige Vortheile, welche vielen Alt=
katholiken von Seiten der Regierung winken. Bei mir
selbst trat noch die Langeweile hinzu; Opposition zu
machen, über Papst und Bischöfe zu schimpfen und
zu räsonniren, als gebildeter Katholik zu gelten, das
gefiel mir. Was die Unfehlbarkeit des Papstes bedeute,
wußte ich gar nie; das habe ich erst in Friedenthal
erfahren.“

„Nun, wenn die Sache so steht," entgegnete der Pfarrer, „dann nehme ich allerdings meine obige Bemerkung zurück. Freilich kamen mir oft die nämlichen Gedanken, wenn ich bedachte, daß die Mitglieder der neuen Sekte vielfach abgestandene Katholiken sind; Leute, die schon seit Jahren keine Sakramente mehr empfangen, ja keine Kirche mehr gesehen hatten; Leute, die von den katholischen Glaubenswahrheiten weniger wissen, als das geringste Dorfkind; und dennoch mit einem unerträglichen Hochmuthe über die nämlichen Dinge, von denen sie nicht einmal einen richtigen Begriff haben, aburtheilen. Würde Jemand, der selbst weder Maler, noch Sprachkenner ist, einem Maler Vorschriften über Malerei, einem Philologen über die Eigenheiten einer alten Sprache Belehrungen geben wollen, so würde er sich dem allgemeinen Gespötte aussetzen. Und mit Recht. Denn das Sprüchwort: „Schuster, bleib' bei deinem Leisten," hätte da seine vollste Berechtigung. Nur in religiösen Dingen macht man die Ausnahme. Wer, ohne den Katechismus zu kennen, über die katholischen Glaubenssätze räsonnirt, wer gegen die Einrichtungen der Kirche, ihre Orden, ihre Verfassung ꝛc. kühn loszieht, obwohl er die Dinge, die er verurtheilt, nicht einmal oberflächlich kennt, der gilt als starker Geist, als Culturmensch, der ist ein würdiger Sohn des neuen deutschen Reiches, dessen sich Gott erbarmen möge."

„Ich stimme Ihnen vollkommen bei, verehrter Herr Pfarrer," entgegnete Wallenberg; „Ihre Schilderung ist ganz zutreffend, und zu meiner Beschämung gestehe ich es, daß meine eigene Vergangenheit den besten Beleg für Ihre Worte bietet. Dem Herrn sei Dank, daß er mich aus diesem unseligen Zustande befreit und mich auf eine so auffallende Weise zur Wahrheit zurückgeführt hat!"

„Sie würden mich sehr verpflichten, lieber Herr Wallenberg, wenn Sie mir diese Erlebnisse mittheilen wollten. Seien Sie mein Gast heute Abend. Als Seelsorger interessire ich mich außerordentlich, die Wege zu betrachten, welche Gott einschlägt, um die Herzen der Menschen an sich zu ziehen. Ich habe manche Erfahrungen während meines langen Lebens in dieser Hinsicht gemacht und so oft gefunden, daß sich der Herr der unscheinbarsten Vorfälle, die wir Menschen gewöhnlich nur als Zufälle betrachten möchten, zur Ausführung seiner liebevollen Absichten bedient."

„Gerade so ist es mir ergangen," rief Wallenberg. „Man könnte meine Erlebnisse in den letzten Wochen fast mit dem Namen lustiger Abenteuer bezeichnen, wenn sie auf mich nicht von einem so tiefen und heilsamen Einflusse gewesen wären."

„Ich bin in der That gespannt, sie zu vernehmen," bemerkte der Pfarrer.

„Wie Ihnen bekannt ist," begann Wallenberg seine Erzählung, „habe ich mich vor zwei Jahren der Sekte der Altkatholiken angeschlossen. Da mich nicht das mindeste religiöse Interesse, sondern nur die vorhin schon angegebenen Gründe zu diesem Schritte bewogen hatten, so nahm ich natürlich auch an dem altkatholischen Gottesdienste, der von Zeit zu Zeit hier abgehalten wurde, keinen Antheil; sondern wohnte nur einige

Male einer Predigt an, bei welcher ich mich jedoch so
schrecklich langweilte, daß ich stets froh war, wenn der
Mann auf der Kanzel, der nur über Papst und Bi=
schöfe schimpfen konnte, sein „Amen" gesagt hatte. Die
Hauptbethätigung meines altkatholischen Glaubens bestand
darin, daß ich jeden Abend in unserem Versammlungs=
locale, dem „Russischen Hofe", erschien, um mich an
dem ausgezeichneten Biere zu laben, welches der Wirth,
in richtiger Würdigung unserer vornehmsten „altkatho=
lischen" Neigungen stets für uns bereit hielt. Ueber
die gotteslästerlichen Gespräche, die dort allabendlich
geführt wurden, die Spottreden, mit welchen man Alles,
was dem Katholiken heilig ist, übergoß, lassen Sie
mich schweigen. Leider habe auch ich, besonders im
vorigen Jahre mich oft dabei betheiligt und Dinge
gesprochen, die mich jetzt mit Grausen erfüllen. Ich war
in einem fast beständigen Taumel, der mich mit einer
maßlosen Gleichgültigkeit, ja mit Haß gegen Gott und
seine Kirche erfüllte. Zuweilen regte sich freilich
mein Gewissen und da ich von Natur aus ängstlich
bin, so erfaßte mich, besonders des Nachts, wenn ich
aus meinen wüsten Träumen erwachte, beim Gedanken
an Tod und Ewigkeit eine namenlose Angst. Allein
der Leichtsinn und die schlechte Gesellschaft, in der ich
mich befand, ließen mich diese mir so grausenvollen
Dinge bald wieder vergessen."

„Mein zügelloses Leben machte indessen bald seinen
Einfluß auf meine ohnehin schwache Gesundheit geltend.
Meine Nerven litten außerordentlich in Folge der häu=
figen Gelage und im letzten Jahre besonders wurden

sie so schwach, daß ich oft bei den geringfügigsten Anlässen in eine Aufregung gerieth, welche mich halb wahnsinnig erscheinen ließ. Die kirchenpolitischen Zustände unseres Vaterlandes beschäftigten meine Aufmerksamkeit mit jedem Tage mehr; nicht, als ob ich an den Leiden der Kirche Antheil genommen hätte, das lag mir ferne; im Gegentheile, mein Haß gegen diese Religion vermehrte sich noch, weil ich in ihr die Gegnerin des neuen deutschen Reiches erblickte; und mein Widerwille gegen die katholischen Priester stieg mit jedem Tage; las ich ja doch nur kirchenfeindliche Blätter, die kaum ein anderes Geschäft noch kennen, als das, alle Leidenschaften, welche die Menschenbrust bewegen, zum Kampfe gegen die Kirche aufzurufen. Trotzdem aber hatte ich noch so viel Gefühl für Recht und Billigkeit, daß ich gewisse Vorkommnisse im deutschen Reiche aufs Entschiedenste mißbilligte, was dann natürlich in unserm Versammlungslocal die heftigsten Debatten hervorrief. So erinnere ich mich, daß solche Scenen stattfanden bei dem Anfange der Vertreibung der weiblichen Orden aus den Schulen, bei der Ausdehnung des Jesuitengesetzes auf die Redemptoristen und Väter vom heiligen Geiste, und dergl. mehr. Indessen das störte meine Zufriedenheit mit der Kirchenverfolgung im Großen und Ganzen wenig, und noch viel weniger meinen Enthusiasmus für den Fürsten Bismark, den ich als den größten Staatsmann unseres Jahrhunderts, als den Begründer der neuen deutschen Herrlichkeit und als den Bekämpfer der mir so widerwärtigen katholischen Religion glühend verehrte. Daß man an der Größe des neuen deutschen Reiches zweifeln könne, daß diese angebliche Größe aus so vielen Erbärmlichkeiten zusammengesetzt sei, davon hatte ich keine Ahnung. Ich war, wie ich schon bemerkt, durch meine selbstgewählte Gesellschaft von allen sogenannten reichsfeindlichen Einflüssen vollständig abgesperrt. So kam der 13. Juli, der Tag des Kullmann'schen Attentates auf Bismark. Ich war damals gerade etwas unwohl; meine Nerven waren so erregt, daß ich den ganzen dreizehnten und den Vormittag des vierzehnten zu Hause im Bette blieb. Nach Tische fühlte ich mich kräftig genug, das Bett zu verlassen, und da mein Wohlbefinden anhielt, so begab ich mich gegen 6 $\frac{1}{2}$ Uhr wie gewöhnlich in den „Russischen Hof".

„Dort fand ich die Gesellschaft zahlreicher als je in grenzenloser Aufregung beisammen. Man schrie, schimpfte, las laut aus den Zeitungen vor, kurz es herrschte ein Heidenlärm. Da ich den Grund der Aufregung nicht kannte, so blieb ich einige Sekunden lang verwundert an der Thüre stehen und schaute dem Wirrwarr zu. „Kullmann — Pfaffen — Attentat — Bismark — Reichsverräther — Mordgesellen"; das waren die Worte, die ich in dem wüsten Durcheinander von Stimmen verstehen konnte. Neugierig, was denn vorgefallen sei, fragte ich endlich den mir Nächststehenden:

„Aber, was ist denn geschehen, was ist los? worüber lärmt man so?"

„Der Gefragte, der Werkmeister an der Eisenbahn, schaute mich mit großen Augen an.

„Was los ist, Wallenberg, fragen Sie? Alle Wetter! Kommen Sie denn vom Monde!"

„Das gerade nicht, Birkenstiel," antwortete ich, „aber ich komme aus der Krankenstube, die ich seit vorgestern Abend nicht verlassen habe. Was ist also geschehen?"

„Nun dann hören Sie und staunen, die verruchten Pfaffen haben gestern Nachmittag ein Attentat auf Bismark gemacht. Ein Mordgeselle, Kullmann mit Namen, hat mit einer Pistole nach dem Fürsten —"

„Hat er ihn getroffen?" schrie ich auffahrend, „der Schurke!"

„Getroffen, ja," erwiederte Birkenstiel, „aber nicht tödtlich; nur eine leichte Streifung hat's gegeben — Gott hat seinen Liebling, den Stolz unsers Jahrhunderts beschützt."

„Aber, so erzählen Sie näher," rief ich jetzt ebenfalls in höchster Aufregung, „wie, wo, wann ging das Schreckliche vor sich?"

„Ha ha, Freundchen, begreifen Sie jetzt den Lärm, der hier herrscht? Aber immer unbegreiflich ist mir's, daß Sie nicht früher davon hörten, ist doch die ganze Stadt voll von der Sache; haben Sie denn die ganze Zeit her geschlafen?

„Nichtsweniger als dies; aber bei meiner Seele, Birkenstiel, lassen Sie jetzt diese Fragen; spannen Sie mich nicht auf die Folter und erzählen Sie, was Sie wissen. Alles, alles."

„Damit zog ich den Werkmeister auf einen Stuhl nieder, nahm einen tüchtigen Schluck Bier und hörte ihm mit gespanntester Aufmerksamkeit zu, während er mir

Alles, was er wußte, mittheilte. Birkenstiel, — Sie kennen ihn, Herr Pfarrer — hat ein großes Talent zum Erzählen. Bei ihm stand es natürlich fest, daß das Attentat der katholischen Geistlichkeit zur Last falle; an kräftigen Ausdrücken gegen die Uebelthäter fehlte es auch nicht, und so redete er sich und mich in einen so großen Zorn, daß wir uns bald ebenfalls unter den lärmenden Haufen mischten und nach besten Kräften mitschrieen und mittobten. Das viele Sprechen verursachte natürlich großen Durst und so wurde das Bier in Strömen getrunken. Kurz, das Ende der Sache war, daß wir uns gegen 11 Uhr Nachts trennten und in vaterländischer Begeisterung, mit ungeheuerer Entrüstung über die Bosheit der Schwarzen, mit neuem Muthe zum heiligen Culturkampfe gegen Dunkelmänner und Finsterlinge in unsere Behausungen heimkehrten."

„Das verspricht ja ein wahrer Roman zu werden," unterbrach hier der Pfarrer seinen Gast, „ich habe Ihnen mit großer Aufmerksamkeit zugehört. Aber ehe Sie fortfahren, leeren Sie das Glas!"

Wallenberg folgte der Einladung und setzte dann seine Erzählung fort.

„Mich selbst hatte das Attentat und das, was ich in der Gesellschaft darüber gehört hatte, in solche Aufregung gebracht, daß ich nach Hause zurückgekehrt noch eine ganze Stunde lang schimpfend und donnernde Reden gegen Pfaffen und Ultramontane, Jesuiten und Nonnen haltend in meinem Zimmer auf und nieder rannte. Dann wollte ich mich müde zur Ruhe begeben, allein meine Augen sahen überall den Mörder mit seiner

entſetzlichen Piſtole ſtehen, und meine Ohren hörten
ohne Ende den Schuß, ſo daß mein Zorn gegen die
ultramontane Partei, die den angebeteten Reichskanzler
beinahe um's Leben gebracht hätte und mir nun auch
noch den Schlaf raubte, immer höher ſtieg. Endlich ſchlief
ich ein; aber, welche Träume quälten mich. Kaum hatte
der Schlummergott mich in ſeine Arme geſchloſſen, da
ſtand Kullmann an meinem Bette; auf dem Kopfe trug
er ein Prieſterbiret, hatte einen langen ſchwarzen Rock
an, hielt eine entſetzliche Piſtole in der Hand, richtete
ihre Mündung auf meine Bruſt und ſprach grinſend:
„Warte, du radikaler Teufel, jetzt ſchieße ich dich todt.“
Ich warf einen ängſtlichen Blick auf die Mündung der
Piſtole und ſah zu meinem größten Schrecken die Kugel
oben herausſchauen; ſchon knackte der Hahn: da ſprang
ich auf, ſchlug mit ſtarker Fauſt dem Mörder nach dem
Auge, um ihn unſchädlich zu machen und — ſtürzte
polternd zum Bette heraus, indem ich dabei meinen
Nachttiſch umwarf, ſo daß Waſſerflaſche und Petroleum=
lampe mit lautem Geklirre zu Boden ſtürzten.

Bei dieſen Worten konnte der Pfarrer das lange
mühſam verhaltene Lachen nicht mehr bezwingen, und
Wallenberg ſelbſt lachte herzlich mit. Nach einer kleinen
Pauſe fuhr er dann fort:

„Sie können ſich leicht denken, verehrter Herr Pfar=
rer, daß dieſer Unfall meine üble Laune noch um ein
gutes Stück vermehrte. „Kullmann, verdammter Schurke,
daran biſt du Schuld!“ ſchrie ich, mich vom Boden
aufraffend und nach dem Feuerzeuge ſuchend, um Licht
zu machen. Allein kaum hatte ich ein paar Schritte in

dem dunkeln Zimmer gemacht, da trat ich mit dem nackten Fuße in eine der Scherben der Wasserflasche, so daß ich vor Schmerz laut aufschrie und erst nach einiger Zeit wieder vorsichtig weiter zu suchen wagte. Endlich fand ich das Feuerzeug weit im Zimmer liegend, machte Licht und setzte mich mühsam wieder in solche Verfassung, daß ich mich in's Bett zurückbegeben konnte, worauf ich in einen unruhigen Schlummer sank, aus welchem mich schon um 5 Uhr die Thurmuhr wieder weckte. Mein erster Blick galt natürlich der Verwüstung, die ich in der Nacht angerichtet hatte und die jeder Beschreibung spottete.

„Aergerlich schwang ich mich über die Trümmer hinweg und kleidete mich an. Als meine Haushälterin bald darauf den Kaffee brachte, schaute sie zuerst eine Zeitlang sprachlos vor Staunen die Scherben auf dem Boden an, begann aber dann mich mit einer solchen Fluth von Fragen zu bestürmen, daß ich ihr gar nicht zu antworten vermochte, sondern sie in meinem ohnehin schon ungemessenen Aerger mit donnernder Stimme anschrie: „Schweig', du alte Gans und packe dich!" Das war ihr zu arg; sie schaute mich entsetzt an, drehte sich langsam um und murmelte in mitleidigem Tone: „Hilf, lieber Himmel, der arme Herr ist übergeschnappt; die schöne Lampe, die Wasserflasche und ich — alte Gans — nein es ist nicht mehr richtig bei ihm!" Das versetzte mich in neue Wuth und ich hätte ihr noch Aergeres geantwortet, wenn sie nicht rasch sich entfernt und die Thüre hinter sich zugeworfen hätte. Erschöpft sank ich auf meinen Sessel; und sann nach,

was ich beginnen sollte. Mein erster Gedanke sagte
mir, ich müsse, um meine aufgeregten Nerven zu be=
ruhigen, Zerstreuung suchen und jede Erinnerung an
das für mich so aufregende Kullmann'sche Attentat zu
vermeiden streben. Rasch entschlossen nahm ich Hut und
Stock und ging aus, um etwas frische Luft zu ge=
nießen. Allein kaum war ich auf die Straße gekommen,
als mich ein Zeitungsverkäufer mit den Worten anschrie:
„Kölnische Zeitung, neueste Nachrichten über Kullmann,
Kullmann, Mitglied des katholischen Gesellenvereins —"

„Elender Junge, willst du schweigen," schrie ich er=
boßt, drückte meinen Hut in die Stirne und eilte fort,
mußte ihn aber noch aus weiter Entfernung „Kull=
mann, Kullmann" schreien hören. Meine Nerven waren
schon wieder in fieberhafter Erregung; endlich gelangte
ich in die sogenannte Anlage und athmete freier auf,
als ich sie leer von Menschen gewahrte. Ich begab mich
nach dem einsamsten Theile, aber plötzlich hörte ich aus
einem Seitenpfade eine kräftige Stimme, die mir zurief:

„Guten Morgen, lieber Herr Wallenberg, wie be=
finden Sie sich? Haben Sie schon die neuesten Nach=
richten über das Kullmann'sche Attentat gelesen? Nicht
wahr, welche Schändlichkeit von diesen Pfaffen; und
sie sind's gewesen; eben lese ich in der „Norddeutschen,"
daß ein Pfaffe die Pferde aufhielt und so dem Mörder
Gelegenheit zum Schuß gab; und daß der Kullmann
zum katholischen Gesellenverein gehört; jetzt ist mir das
ganze Complott klar; hab' mir's doch immer gedacht."

Bei diesen rasch hintereinander gesprochenen Worten
stand ich stumm vor Aerger und Aufregung da und

2*

schaute den mir befreundeten Sprecher, Dr. Königsheim, mit einem so stieren, wilden Blicke an, daß dieser besorgt nach meinem Pulse griff und fragte:

„Aber, Herr Wallenberg, was haben Sie? Sind sie krank? Ihr Puls geht zwar ziemlich ruhig, aber Ihr Aussehen —"

„Ja, sehen Sie, Herr Doctor", erwiederte ich, mich etwas fassend, „ich habe die Nacht schlecht geschlafen und leide überhaupt in letzter Zeit an den Nerven —"

„Eine Reise, lieber Freund," unterbrach mich Königsheim, „unfehlbares Mittel für alle Nervenleiden; machen Sie sich heute noch reisefertig, irgend wohin, Fußtouren und nahrhafte Kost; Sie werden sehen, in Zeit von vierzehn Tagen sind Sie vollkommen geheilt. Um aber wieder auf unsern Kullmann zurückzukommen — Um Gotteswillen, lieber Herr Wallenberg, was ist Ihnen denn schon wieder? Sie werden ja ganz blaß" —

„Nichts, nichts, lieber Doctor, ich mache eine Reise, heute noch, Adieu" — ich lüftete meinen Hut, ließ Dr. Königsheim verblüfft dastehen, und eilte wie von den Furien verfolgt nach Hause.

„Hier ist's nicht mehr zum Aushalten", dachte ich; „da gehe ich über dem Kullmannspektakel noch zu Grunde. Ich muß fort, wie der Doctor sagt, eine Reise machen; wohin ist gleichgültig; nur von diesen Menschen fort."

„Keuchend in Folge des raschen Gehens kam ich nach Hause zurück, rannte auf der Stiege meine alte Margareth fast um und läutete, auf meinem Zimmer angelangt, mit solcher Gewalt, daß es durch's ganze Haus

gellte und die arme Alte ganz erschrocken in die Stube
stürzte.

„Augenblicklich, Margareth, packe meinen Koffer,
Wäsche für vier Wochen!"

„Ich hatte bis dahin nur sehr selten meine Vater-
stadt verlassen, weil ich vor allem Reisen einen gründ-
lichen Abscheu hatte. Meine Margareth wußte das,
stand deshalb bei der plötzlichen Ankündigung einer
Reise wie versteinert da und gaffte mich mit weit ge-
öffnetem Munde in stummer Verwunderung an.

„Nun, wird's bald?" schrie ich ärgerlich.

„Aber, Herr Wallenberg, — wohin denn?" brachte
jetzt endlich die Alte mühsam hervor.

„Was geht das dich an, du alte —"

„Herr! wollen Sie mich wieder alte Gans heißen?"
fiel mir die Alte mit weinerlicher Stimme in die Rede,
„mir das? Ich habe Sie als kleines Kind auf meinen
Armen getragen, Sie gewiegt und — und — jetzt —
alte Gans — habe ich das verdient?" dabei begann
sie laut zu weinen.

„Ich hätte bersten mögen vor Aerger. „In aller
T . . . . . Namen, Margareth", schrie ich mit Donner-
stimme, „wird's bald, wirst du meinen Koffer packen?"

„Bei diesen Worten fuhr die Alte erschrocken auf,
trocknete sich die Thränen, bekreuzte sich scheu und eilte
fort, um das Verlangte zu bringen.

„Reisen muß ich", sagte ich für mich hin, im Zimmer auf und ab rennend; „hier werde ich noch verrückt.
Aber wohin? Wohin? Ganz gleich, nur fort von hier."

Damit begann ich einige Kleidungsstücke und andere Reisebedürfnisse zusammenzulegen, packte sie mit Hülfe der indeß wieder zurückgekehrten Alten, die mich stets scheu und kopfschüttelnd von der Seite anschaute, zusammen, ließ eine Droschke kommen und fuhr nach dem Bahnhof.

„Als ich dort ankam, stand gerade ein Zug zum Abfahren bereit.

„Wohin geht der nächste Zug?" fragte ich einen Vorübergehenden.

„Nach K.", lautete die Antwort.

„Ich trat an's Schalter.

„Ein Billet zweiter Klasse nach K."

„Der Schaffner gab mir das Billet, ich eilte zum Zuge und stieg ein.

„Nachdem ich meinen Koffer untergebracht, sah ich mich zuerst nach meiner Reisegesellschaft um. Sie bestand aus einem Frauenzimmer mit einem kleinen Kinde; einem Menschen mit Augengläsern und elegantem schwarzen Bart und einem älteren Herrn in schwarzer Kleidung mit ernsten, aber doch angenehmen Gesichtszügen. Als ich in den Wagen stieg, bemerkte ich einen Stadtsergeanten, der dem Zuge entlang schritt und die Insassen eines jeden Coupé's genau betrachtete. Als derselbe an das unsrige gekommen war und den schwarzen Herrn bemerkte, zog er ein Notizbuch aus der Rocktasche und blickte einige Augenblicke hinein, firirte dann den Schwarzen, schüttelte bedächtig den Kopf und fragte ihn endlich, an welcher Station er aussteigen werde. „In K.", entgegnete dieser ruhig. Der Sergeant notirte sich den Namen des Ortes, verbeugte sich und ging weiter. Gleich nachher fuhr der Zug ab.

„Das Benehmen des jungen Stutzers, denn so kam er mir vor, ärgerte mich sofort. Bald strich er seinen Bart, bald zupfte er an seiner Cravatte, dann richtete er seine Augengläser auf die Dame, der diese Aufmerksamkeit gar nicht zu mißfallen schien, dann spielte er mit seiner Uhrkette, so daß ihm Uebermuth und geckenhafte Eitelkeit überall hervorschaute. Da ich sein Profil beobachten konnte, so war es mir bald klar, daß ich es mit einem Sprößling jenes Menschenstammes zu thun hatte, dem Fürst Bismark bekanntlich besonderes politisches Talent zugeschrieben hat. Die Dame, die mir gegenüber saß, streichelte ihr Kind zuweilen mit affektirter Zärtlichkeit und summte dazu allerlei Arien aus modernen Opern. Da ein Frauenzimmer, das zu andern Untugenden ihres Geschlechtes auch noch viel singt, mir ein Greuel ist, so hatte ich an meinem Gegenüber einen zweiten Grund zum Aerger. Ich bemühte mich daher, an meinem dritten Reisegefährten Trost zu finden; allein derselbe las so aufmerksam in einem Buche, das er in den Händen hielt, daß er für seine nächste Umgebung ganz unempfindlich zu sein schien. Ich lehnte mich nun zurück und versuchte zu schlafen.

„Plötzlich unterbrach der jugendliche Bartträger, der inzwischen ein Zeitungsblatt aus der Tasche gezogen und darin gelesen hatte, die Stille, indem er rief: „Verdammte Jesuiten und Pfaffen.“ Das Frauenzimmer nickte zustimmend, der schwarze Herr schaute den Rufer einen Augenblick fest an und las dann wieder weiter.

Ich öffnete die Augen, schloß sie aber sofort wieder, weil mir der Ausruf gegenstandslos dünkte.

„Der junge Hebräer schien sich über die Gesinnung seiner Reisegefährten noch näher orientiren zu wollen.

„Wenn doch Deutschland von diesem Pfaffengewürm endlich befreit wäre", wandte er sich an mich.

„Da ich die Zeitung in der Hand meines Nachbars gesehen hatte, so fürchtete ich, daß diese giftige Bemerkung die Einleitung zu einem Gespräche über Kullmann sein solle; ich that daher als hätte ich ihn nicht verstanden, und öffnete den Mund zu einem riesigen Gähnen. Allein vergebens, denn das Frauenzimmer gab an meiner Statt Antwort: „Nun, jetzt nach dem neuesten Attentat wird Fürst Bismarck wohl rasch mit ihnen aufräumen."

„Das hoffe ich auch und mit mir alle Patrioten", entgegnete der Bartträger, „es ist eine Schmach des Jahrhunderts, daß sich gegen das edelste Leben der deutschen Nation eine deutsche Mörderhand erheben konnte."

„Ich traue der römischen Priesterherrschaft Vieles zu," bekräftigte mein weibliches Gegenüber; „eines solchen Bubenstückes hätte ich sie aber kaum fähig gehalten. Die Hauptschuld ist indeß doch, wie ich glaube, den Jesuiten zuzuschreiben, die ja im Morden erfahren sind. Wahrscheinlich hat Kullmann schon vor der That von ihnen die Absolution erhalten. Schmach und Schande über sie."

„Die Entrüstung über die Unthat ist auch allenthalben grenzenlos", versicherte der Jude; die ultramon-

tane Parthei wird unter dem Gewichte der öffentlichen
Verachtung vernichtet zusammenbrechen."

Ich unterdrückte einen leisen Fluch, daß trotz mei=
ner Gegenbemühungen dennoch das Attentat zur Sprache
gekommen war. Entschlossen, die Unterhaltung um jeden
Preis von dem für mich so nervenaufregenden Gegen=
stande abzulenken, sagte ich zu dem jungen Bärtigen
gewandt: „Der Attentäter wird jedenfalls seiner Strafe
nicht entgehen; aber mein Herr, was urtheilen Sie.
von dem Widerstand der Geistlichkeit gegen die Mai=
gesetze? Halten Sie ihn für zäh genug, um auszu=
dauern?"

„Pah!" entgegnete dieser verächtlich, „wenn die
Regierung nur consequent vorwärts geht, so werden
sich die Bischöfe schon beugen. Der niedere Klerus
folgt dann von selbst nach."

„Wieder blickte der schwarze Herr von seinem Buche
auf, sah zuerst mich, dann den Juden einen Augenblick
scharf an und las weiter. In seinem Blicke lag ein
solcher Ausdruck von geistiger Ueberlegenheit, daß er
mich genirte.ʼ Allein eingedenk meiner Absicht, das At=
tentat vergessen zu machen, beschloß ich das Gespräch
fortzusetzen.

„Ich glaube doch nicht, daß die Sache so leicht
gehen wird. Die römische Kirche hat eine stramme
Organisation; sie hängt willenlos von den Winken des
Papstes ab und bei dem ist an ein Nachgeben nicht zu
denken."

„Der Papst?" lachte der Jude, „der wird bald nichts
mehr nachzugeben haben. Unser Bismark hat ihn schon

genug beschnitten. Warten Sie nur ein paar Jahre noch, bis alle Vorbereitungen getroffen sind; dann setzt er den Papst ab, wenn er noch lebt; und stirbt er inzwischen, so ist's um so besser. Dann wird Preußen jede Papstwahl verhindern, und Reinkens zum Papste für Deutschland machen. Der wird dann mit dem alten dogmatischen Plunder in der katholischen Kirche aufräumen, die deutsche Nationalkirche constituiren, dem schönsten aller menschlichen Triebe wieder seine vollberechtigte Stellung im menschlichen Leben einräumen, und dann — dann wird's angenehm, katholisch zu sein, dann werde ich auch katholisch."

„Meine Nachbarin machte bei diesen Ausführungen des Juden ein vergnügtes Gesicht.

„Ich habe Herrn Reinkens in Bonn gesehen", versicherte sie eifrig; „er ist ein Bild vollendeter Männlichkeit. Ich habe ihn auf den ersten Blick lieb gewonnen."

„Da hat Bismark einen seiner genialsten Streiche gemacht", fuhr das Kind Israel fort, „indem er dem Altkatholizismus auf die Beine half, und Reinkens an seine Spitze stellte. Dadurch haben die Kirchengesetze erst die rechte Kraft erhalten. Ich habe so manche Bekanntschaften in eingeweihten Kreisen: da habe ich vieles vernommen. Die erste Folge der Kirchengesetze wird die sein, daß nach und nach die katholische Pfaffenbrut ausstirbt. Dann werden die katholischen Gemeinden ohne Seelsorger sein, die Kinder werden ohne Religionsunterricht aufwachsen, und, wie die Alten, gegen die Religion gleichgültig werden. Auf ein paar Glaubenssätze mehr oder weniger wird's ihnen dann nicht

ankommen. Wenn dann nach ein paar Jahren Reinkens genug Priester geweiht haben wird, — und an
Candidaten wird's ihm nicht fehlen, wenn er einmal
den Cölibat abgeschafft hat, — so werden die Gemeinden ohne Widerstreben die Diener der neuen Religion
aufnehmen; diese werden gründlich mit dem römischen
Aberglauben aufräumen, Rom wird in Deutschland vergessen, Berlin wird Rom und dann erst wird Bismark
seinem Werke die Krone aufgesetzt und Deutschland
wirklich einig gemacht haben."

„Mir wurde bei diesen Ausführungen des Juden, die
so manchem entsprachen, was ich im „Russischen Hofe"
gehört hatte, schwül zu Muthe. Ich wünschte sehr, daß
er stillschweigen möchte, zumal da ich bemerkte, daß das
Angesicht des schwarzen Herrn sich vor innerer Aufregung röthete. Aber das weibliche Ungethüm, das mir
gegenüber saß, wußte das Gespräch weiter zu führen.

„Ich bin zwar katholisch", rief sie, „aber ich bin zuerst Preußin und Deutsche; und in der letzten Zeit
wird es mir mit jedem Tage klarer, daß ich eins auf-
geben muß; und da halte ich es doch mit meinem
Vaterland."

„An's Vaterland, an's theure, schließ' dich an,
    das halte fest mit deinem ganzen Herzen,"

sagt der Dichter und so mache ich's auch. In die Kirche
gehe ich schon lange nicht mehr; verflossene Pfingsten
wollte ich wieder einmal hineingehen, aber da kam eine
Freundin und nahm mich mit auf eine Vergnügungs-
tour. Mein Mann denkt gerade so wie ich. Wir haben

unsern Kleinen hier noch nicht taufen lassen und wer=
den es auch nicht thun."

„Herrlich", rief der Jude, „verehrteste Frau; das
nenne ich doch noch deutsche Charakterstärke. Ich be=
greife in der That nicht, wie noch ein ehrlicher Deut=
scher diesem römischen Bettelpapst anzuhängen vermag.
Betteln und Fluchen — das ist sein Handwerk. Diesen
Pio nono; ich kann seinen Namen ohne Ekel nicht nen=
nen hören, seit er so weit gegangen ist, sich sogar zum
Gott zu machen. Für welche Esel muß er doch uns
Deutsche halten, daß er uns zumuthet, so etwas zu
glauben. Freilich gibt es leider Menschen genug in
Deutschland, die ihm ihren Verstand zum Opfer brin=
gen und sich so zu den Thieren herabwürdigen. Das
ist ja eine der culturhistorischen Aufgaben Preußens,
diesen römischen Aberglauben aus Deutschland zu ver=
bannen und das Werk der Reformation fortzusetzen und
zu vollenden. Das wird ein Jubeltag in Deutschland
sein, noch größer als der von Sedan, an welchem der
letzte Deutsche diesem ultramontanen Halbgott zu Rom
den Scheidebrief schickt. Ha ha ha, dann wird's ein
Fluchen in Rom geben, daß die Wände des Vatikans
zittern; und vielleicht über ihrem wahnwitzigen Bewoh=
ner zusammenfallen."

„Wieder schaute ich auf den schwarzen Herrn, dessen
Augen mit dem Ausdrucke maßlosester Entrüstung auf
den unverschämten Lästerer gerichtet waren. Ich fürch=
tete jeden Augenblick einen Ausbruch und hätte Vieles
darum gegeben, wenn ich den Juden hätte zum Schwei=

gen bringen können. Allein das bitterböse Weib trieb
ihn immer noch weiter.

„Pah", höhnte sie, „Sie meinen, daß diese ultramontane Pfaffenparthei sich zuletzt ergeben werde. Allein
das ist meiner Ansicht nach unwahrscheinlich. Nicht
umsonst nennt man den Mann, der Deutschland geeinigt
hat, den Mann von Blut und Eisen; das letzte Mittel, Deutschland von diesem Gelichter zu reinigen, wird
eben nichts anderes als Blut und Eisen sein."

„Nun", schrie der Jude giftig, „wenn sie sich nicht
ergeben wollen, dann sollen sie alle zum Lande hinaus,
und wenn auch noch Ströme Blutes fließen müssen.
Deutschlands Freiheit von Rom kann nicht theuer genug
erkauft werden. Wer hat denn stets das Unglück über
unser Vaterland gebracht, wer unser Volk gespalten,
entsittlicht; wer droht jetzt wieder dem kaum erstandenen
deutschen Reich die Vernichtung, wer conspirirt mit
Frankreich, wer hetzt das Volk auf, wer rebellirt, wer
verhöhnt die Gesetze, ist es nicht immer und ewig diese
elende Söldnerschaar des römischen Götzenpfaffen? Nein,
Schmach und Schande über sie, kein Deutscher darf
Erbarmen mit solchen Menschen haben. Hinaus mit
ihnen."

„Der Jude war bei diesen in halb schreiendem Tone
hervorgestoßenen Worten von seinem Sitze aufgesprungen; seine Augen hatten einen wahrhaft dämonischen
Glanz angenommen. Zu gleicher Zeit hatte sich aber
auch unser schwarzer Reisegefährte erhoben, hatte sein
Buch bei Seite geworfen und schaute den Juden mit
durchbohrenden Blicken an.

„Ich hätte das Weib, das sich bei dieser drohenden Gestaltung der Dinge scheu in die Ecke des Waggons zurückzog, erwürgen mögen, weil sie durch ihr loses Gewäsche den Scandal herbeigeführt hatte. Ich weiß selbst nicht mehr, wie mir in dem Augenblicke zu Muthe wurde; ich vergaß ganz meine angeborene Furchtsamkeit und rief, ehe der Schwarze noch ein Wort erwiedern konnte, dem Juden, um ihn zur Vernunft zu bringen, zu:

„Mein Herr, Sie gehen da denn doch zu weit; wenn ich auch kein Freund der Ultramontanen bin, so mag und werde ich doch nie ungerecht gegen sie sein. Es hat Niemand das Recht, sie zu mißhandeln und zu tyrannisiren. Thun sie Unrecht, so stelle man sie vor die Gerichte und verurtheile sie da. Willkürmaßregeln aber darf Niemand gegen sie anwenden; sie sind und bleiben deutsche Bürger —"

„Was", schrie der Jude zurück, „deutsche Bürger? Diese Menschen haben ihr Bürgerrecht, ihr Heimathrecht schon längst verwirkt. Jeder Pfaffe ist fähig, den Reichskanzler zu vergiften; elende erbärmliche Menschen sind sie, nicht werth, daß die deutsche Erde sie trage. Die ganze Brut hält den Mord für erlaubt."

„Jetzt aber ging unserm schwarzen Reisegefährten die Geduld aus. Er faßte den kreischenden Juden bei der Schulter und rief ihm mit einer furchtbaren Stimme zu:

„Jude, ich bin ein katholischer Priester; du lügst infam!"

„Bei diesem unerwarteten Angriffe zuckte der Jude zusammen; da aber der Zug in demselben Augenblicke auf einer kleinen Station hielt und die Waggonthüre geöffnet wurde, schien er wieder Muth zu fassen und rief:

„Was, ich ein Lügner? Mein Herr, das ist eine infame Beleidigung; ich fordere Genugthuung.“

„Bei dem Worte Genugthuung zog ein Ausdruck unbeschreiblicher Verachtung über das Angesicht des Schwarzen.

„Genugthuung verlangst du?“ entgegnete er, indem er mit seiner rechten Hand weit ausholte. „Die sollst du haben, und zwar wie sie dir gebührt.“

„Allein er hatte seinen Satz noch nicht geendigt, da hatte sich der Jude schon mit affenartiger Geschwindig= keit seinen Händen entwunden und durch die offene Waggonthüre das Weite gesucht. Halb ärgerlich, halb mitleidig schaute ihm mein Reisegefährte nach und be= gann dann wieder in seinem Buche zu lesen, indem er für sich hinbrummte: „Das war dein Glück, Jude!“

„Gleich darauf fuhr der Zug weiter. Es herrschte jetzt einige Sekunden lang tiefes Schweigen in dem Wagen.. Mir war es in der Nähe des Mannes etwas unheim= lich geworden. Das Frauenzimmer spielte verlegen mit dem Kinde; bis dasselbe mit einemmale heftig zu wei= nen begann, so daß sein Angesicht ganz blau wurde. Da alle Besänftigungsmittel bei dem kleinen Schreihals nichts fruchteten, so rieth ich der Frau bringend, an der nächsten Station auszusteigen, was sie auch eiligst that, nachdem sie mit Hülfe des Schaffners ihre Siebensachen aus dem Wagen gebracht hatte.

Zweites Kapitel.

Schwarze Ansichten.

Wallenberg hielt in seiner Erzählung ein wenig inne, während ihn der Pfarrer, der ihm mit der größten Aufmerksamkeit zugehört hatte, freundlich zum Trinken einlud.

Nach einer kleinen Pause setzte der Jüngling seine Erzählung fort.

„So war ich denn jetzt mit meinem schwarzen Reisegefährten allein; und es war mir anfangs, offen gestanden, gar nicht besonders wohl dabei. Allein mein Mißbehagen verschwand ganz bald. Denn nachdem er noch einige Minuten in seinem Buche gelesen hatte, schloß er dasselbe, machte das heilige Kreuzzeichen und setzte sich dann mit einem breiten, gutmüthigen Lächeln mir gegenüber.

„Verzeihen Sie", begann er mit wohlklingender Stimme, „daß ich vor Kurzem den ärgerlichen Auftritt herbeigeführt habe. Allein ich konnte die entsetzlichen Gotteslästerungen des Menschen nicht mehr länger ertragen. Ich denke, die derbe Lection, die er empfangen hat, wird ihn wohl in Zukunft in seinen Reden vorsichtiger machen."

„Allerdings", entgegnete ich, durch sein freundliches Wesen all' meiner Furcht sogleich enthoben, „hatte er für sein freches Benehmen eine Züchtigung verdient. Indessen mein Herr, Sie werden entschuldigen, es scheint mir, als ob er doch im Grunde genommen, etwas Wahres gesagt habe."

„Und das wäre?" forschte der Schwarze lächelnd.

„Nun sehen Sie, verehrter Herr, es läßt sich doch nicht läugnen, daß die katholische Geistlichkeit dem neuen deutschen Reiche, welches jetzt in solcher nie besessenen Größe dasteht, sehr feindlich ist. Und hätte es von ihr abgehangen, so wäre dieses Reich niemals in's Dasein getreten."

„Da stimme ich Ihnen vollständig bei", erwiederte mein schwarzer Gefährte, „dieses deutsche Reich wäre, wenn man uns gefragt hätte, nie zu Stande gekommen, und zwar deshalb, weil wir unsere deutsche Heimath viel zu sehr lieben, als daß wir sie in das gegenwärtig auf ihr lastende Elend hätten stürzen können."

„Diese Worte waren mit einem solchen Nachdrucke gesprochen, und das Antlitz des Schwarzen zeigte dabei eine so schmerzliche Erregung, daß ich mit einer unwillkürlichen Theilnahme rief:

„Bitte, mein Herr, erklären Sie sich näher, Ihre Worte sind mir räthselhaft."

„Recht gerne", entgegnete dieser. „Der Grund meiner Worte läßt sich in den kurzen Satz zusammenfassen: Dieses neue deutsche Reich birgt so viel Characterlosigkeit und sittliche Verkommenheit in sich, daß unsere Nachkommen dereinstens vielleicht versucht sein wer=

den, dem Theile der deutschen Geschichte, den wir gegenwärtig durchleben, den Titel zu geben: „Deutschland
in seiner tiefsten sittlichen Erniedrigung."

„Sehen Sie, Verehrtester, das ist der Grund, weshalb
die katholische Geistlichkeit und mit ihr ein Jeder, der
Deutschland wahrhaft liebt, vom heutigen deutschen Reiche,
oder besser gesagt von dem in ihm herrschenden Geiste
nichts wissen will. Glauben Sie mir, wie einstens die
katholische Religion das alte deutsche Reich hauptsächlich
begründet hat, wie sie und ihre treuen Söhne es jeder-
zeit gekräftigt und geschützt haben, so würde das neue
deutsche Reich, wäre es dem alten gleich oder auch nur
ähnlich, in den Katholiken seine mächtigste Stütze gefunden haben; allein weil in ihm bei seinem Beginne schon
ihre heiligsten Gefühle mißachtet und verletzt worden sind
und der größten Corruption Thor und Thüre geöffnet
wurde, weil es unser deutsches Vaterland allen Anzeichen
nach mit einem Meere von Blut und Thränen überfluthen wird, weil es den deutschen Namen zum Gegenstande des Hasses und des Gespöttes für Europa gemacht
hat, deshalb haben wir uns von ihm abgewandt."

„Der Fremde hatte diese Worte mit steigender Erregung gesprochen; sein Angesicht glühte und es lag eine
solche Anziehungskraft in seiner Redeweise, daß ich mit
Bewegung und gespanntester Aufmerksamkeit ihm zuhörte.

„Er schien mein Interesse zu bemerken und fuhr
deshalb fort:

„Meine Worte mögen Ihnen vielleicht auffallen;
und ich weiß, daß die Lüge so furchtbar in unserm
Vaterlande herrscht, daß es Millionen unserer deutschen

Brüder sehr schwer, ja fast unmöglich wird, die Wahrheit zu erkennen. Ich will Ihnen aber beweisen, daß ich die Wahrheit geredet, und ich bin überzeugt, daß Sie mir, wenn Sie mir einige Geduld schenken wollen, auch beistimmen werden."

„Reden Sie!" rief ich mit Wärme, „wenn ich auch nicht glaube, daß ich auf Ihren Standpunkt übertreten werde, so haben Ihre Ausführungen doch mein höchstes Interesse erregt."

„Ich gehe davon aus," begann mein schwarzer Reisegefährte wieder, „daß die wahre Größe eines Volkes nicht auf seiner äußeren Machtstellung allein beruht. Jedes Volk ist ein aus vernünftigen Menschen zusammengesetztes sittliches Ganzes und wie die wahre Größe des einzelnen Menschen nicht in seiner körperlichen Kraft allein besteht und bestehen kann, sondern vorzugsweise in seinem sittlichen Tugendwerth, so liegt auch die wahre Größe eines Volkes darin, daß es seiner großen Mehrzahl nach aus tugendhaften Menschen besteht, und daß Gottesfurcht und Wahrheit, Freiheit, Sittenreinheit und Gerechtigkeit in ihm und von ihm geschützt und gepflegt werden. Sind diese Bedingungen erfüllt, so ist ein Volk in Wahrheit groß und kommt dann auch noch die äußere Machtentfaltung hinzu, so hat es den Gipfel der Größe erreicht; während äußere Macht allein ohne jene Tugenden, auch abgesehen davon, daß sie in sich ganz unhaltbar ist, ein Volk nie wahrhaft groß zu machen vermag. Ich hoffe, mein Herr, daß Sie hierin mit mir einverstanden sind."

„Vollständig," rief ich.

3*

„Nun gut," fuhr mein Gefährte fort, „betrachten
wir nach der angegebenen Norm den jetzigen Zustand
unseres Volkes. Die erste Tugend, welche in einem
Volke gepflegt werden muß, ist die Tugend der Religio=
sität und Gottesfurcht. Des Menschen letztes Ziel ist
der ewige Gott und unser irdisches Dasein ist einzig
und allein eine Vorbereitung auf jenes andere Leben,
in welchem ein allmächtiger, gerechter Richter einem Jeden
von uns nach seinen Werken vergilt; den Guten mit
ewigem Lohne und den Bösen mit ewiger Strafe. Und
Sie, mein Herr, Sie glauben ja mit mir an eine Fort=
dauer der Seele, an Himmel und Hölle, an den einen
nuerschaffenen allmächtigen und ewigen Gott?"

„Diese Frage brachte mich, ich gestehe es offen zu
meiner tiefsten Beschämung, in einige Verlegenheit, zu=
mal mein Gefährte mich dabei scharf fixirte. Meine
Mutter hatte mir nach dem Tode des sehr früh ver=
storbenen Vaters eine äußerst sorgfältige Erziehung
gegeben; allein auch sie starb, wie Ihnen bekannt,
verehrter Herr Pfarrer, nachdem ich kaum vierzehn
Jahre alt geworden war. Mein Vormund brachte mich
in ein Pensionat, in welchem der katholische Glaube
täglich verhöhnt und das Heilige in den Koth gezogen
wurde. Auf diese Weise wurde ich gegen meine Reli=
gion immer gleichgültiger, so daß mir der lebendige
Gottesglaube fast ganz abhanden kam. Als daher
mein Reisegefährte die vorhin genannte Frage an mich
richtete, wußte ich im ersten Augenblicke wirklich nicht,
ob ich „ja" oder „nein" antworten sollte. Mein Ge=
nosse, der meine Verlegenheit bemerkte, lehnte sich einen

Augenblick zum Wagenfenster hinaus, als ob er die Gegend betrachten wolle; eine zarte Rücksichtnahme, für welche ich ihm im Stillen dankte. In meinem Innern tobte ein wahrer Sturm; mein ganzes vergangenes Leben stieg vor meinen Augen auf; konnte ich, der Religionsspötter, der Altkatholik, der Gotteslästerer, ohne zu lügen, behaupten, daß ich noch an Gott glaube? Ich kann Ihnen, verehrter Herr Pfarrer, gar nicht beschreiben, wie mir in jenen Augenblicken zu Muthe war. Einerseits hätte ich mich meilenweit weggewünscht, um der Beantwortung dieser mir so unangenehmen Frage auszuweichen. Auf der anderen Seite fühlte ich in meinem Herzen einen Drang zu antworten, mich zu entscheiden; und zugleich trieb mich ein unbestimmtes Gefühl des Vertrauens, der Liebe zu dem Manne, der die Frage an mich gerichtet hatte, dazu, ihn nicht durch eine verneinende Antwort zu betrüben. So schwankte ich einige Sekunden unschlüssig hin und her. Da trat plötzlich das Bild meiner frommen Mutter vor meine Augen, wie sie Sonntags Nachmittags mit mir am Grabe meines Vaters zu beten pflegte, dabei mit thränenerfüllten Augen aufwärts zum Himmel wies und sagte: „Kind, dein Vater ist dort oben beim lieben Gott!" Es wurde mir bei dieser Erinnerung aus meiner frühesten Kinderzeit ganz eigenthümlich um's Herz; mir dünkte, mein gutes Mütterchen flüstere mir unsichtbar die Worte zu, die sie mir in meinen Kinderjahren täglich vorgebetet: „Ich glaube an Gott Vater, den allmächtigen Schöpfer Himmels und der Erde," und von diesen Gefühlen beherrscht, rief ich rasch:

„Auch darin, mein Herr, stimme ich Ihnen bei; ich glaube an Gott und Ewigkeit."

„Wenn wir also," fuhr der andere, sich nach einer kurzen Bemerkung über die Schönheit der Gegend wieder zu mir wendend, fort, „für Gott, für die Ewigkeit geschaffen sind, so müssen wir Gott, unserm Schöpfer dienen, seinen heiligen Willen erfüllen, das heißt, seine Gebote halten, damit wir unser ewiges Ziel erreichen können; dessen Erreichung eben deswegen, weil es unser letztes und ewiges Ziel ist, unsere erste Sorge auf Erden sein muß. Nun aber betrachten Sie, mein Herr, wie es mit der Pflege der Frömmigkeit in unserm deutschen Vaterlande aussieht. Ist nicht jede Religion, jeder Gottesdienst, alles Beten fast zum Gespötte geworden? Ich will davon absehen, daß die protestantische Kirche, zu welcher sich doch der größere Theil unseres Volkes bekennt, in voller Auflösung und Zersetzung begriffen ist; daß die protestantischen Bethäuser mit jedem Tage leerer werden, daß die Zahl derjenigen unserer deutschen Mitbürger, welche nicht getauft sind, mit jedem Jahre in erschreckendem Maße sich vermehrt. Ich will Ihnen vielmehr vor Augen führen, wie diese Beiseitesetzung der Religion ganz systematisch gefördert und gepflegt wird. Werfen Sie einen Blick in unsere sogenannten liberalen Zeitungen; muß nicht jeden Christen ein Grauen überfallen beim Anblicke der Gotteslästerungen, welche ihre Spalten füllen! Täglich müssen wir das Heiligste verhöhnt und verspottet sehen, ohne daß sich Jemand regt, um solch' namenlosem Unfuge in gebührender Weise zu steuern. Menschen, die in

schmählichster Weise ihre Gott geschwornen Eide gebrochen
haben, Männer, die die Gottheit Christi läugnen und
dem offenbarsten Unglauben das Wort reden, dürfen
als Lehrer des Volkes und der Jugend auftreten; der
Religion wird der Einfluß auf Heranbildung der Jugend entzogen, das Bild des Gekreuzigten, sein uralter
Gruß aus den Schulen entfernt; die Kirchen den wahren,
von Gott gesetzten Hirten verschlossen und Menschen
übergeben, die sie ohne Sünde nicht einmal betreten dürfen. Viele Gemeinden sind ihrer Seelsorger beraubt, den
Kranken der Trost der Religion, den Sterbenden die
letzte Stärkung auf dem schweren Wege zur Ewigkeit
entrissen; überall von Stadt und Land bringt die Klage
des in seinen heiligsten Gefühlen verletzten Volkes zum Himmel. Und als ob dem Staate nicht die Pflicht obliege, seine
Angehörigen vor dem geistigen Verderben zu retten, sondern die, ihnen ihren geistigen Untergang, soviel als
möglich, zu erleichtern, sind jetzt in einem großen Theile
Deutschlands auch noch die von früheren weiseren Gesetz-
gebern dem Austritte aus der Kirche gesetzten Schranken
fast ganz hinweggeräumt und ist für diesen so ernsten Schritt der leichtsinnige Entschluß des Augenbli-
ckes maßgebend gemacht. Während früher der gültigen
Austrittserklärung aus der Kirche eine vierwöchentliche
Bedenkzeit vorhergehen mußte, in welcher der seelsorg-
lichen Einwirkung auf den Betreffenden freier Raum
gegeben war, ist dem Unglücklichen jetzt diese Rettungs-
frist geraubt. Wenn Jemand einen Eid schwört, so
wird er über die Bedeutung des Eides und über die
Folgen des Meineides belehrt; wenn Jemand ein

Testament macht, so wird er auf die Rechte der Noth=
erben aufmerksam gemacht und der Richter überzeugt
sich von seiner Geistesgesundheit. Bei einer Handlung
dagegen, bei welcher es sich um die höchsten Güter des
Menschen, um sein ewiges Seelenheil handelt, da soll
keine Warnung an ihn ergehen, da soll ihm keine Frist
gegeben sein.

„Und die unmündigen Kinder eines solchen Vaters?
Will er sie körperlich mißhandeln, so wird ihm die väter=
liche Gewalt über sie vom Staate entzogen und den
Kindern ein Vormund bestellt. Wenn aber das Seelen=
heil und die Ewigkeit der armen Wesen in Gefahr
geräth, dann hat der Staat keine Macht mehr, da kann
der abgefallene Vater schalten wie er will. Denn um
Religion, Glauben und Sitten der armen Kinder soll
sich der moderne Staat, wie der jetzt herrschende Libera=
lismus dessen Aufgaben erfaßt, nicht mehr kümmern,
obwohl von dem Glauben und den Sitten des heran=
wachsenden Geschlechtes seine eigene ganze Zukunft ab=
hängt. Wenn nur die zehn Silbergroschen Austritts=
taxe bezahlt werden, dann ist nach den Begriffen eines
Liberalen dem Staate volles Genüge geschehen; etwas
weiteres verlangt er nicht. Mag Tugend, Religion,
Glauben und Sitten auch in den deutschen Gauen noch
so sehr gefährdet werden, wenn nur der Souveränität oder
der Majestät des Gesetzes, wie man sich ausdrückt, Ge=
nüge geschieht; dann ist unser deutsches Vaterland nach
diesen Begriffen wahrhaft groß und mächtig. Sehen
Sie, mein Herr, so steht es mit der Pflege der Fröm=

migkeit im neuen deutschen Reiche. Können Sie meine Schilderung übertrieben oder unwahr nennen?"

Ich brauchte nur an mein eigenes, vergangenes Leben zu denken, um die Schilderung vollkommen zutreffend zu ·finden. Ich antwortete daher mit einem kurzen: „nein".

„Doch ich will," fuhr mein Gefährte fort, „diesen Punkt der Religiosität nicht allzusehr bei dem Beweise für meine obige Behauptung betonen; leider sind wir ja in Zustände gerathen, die in mancher Hinsicht tief unter den Verhältnissen der alten Heidenwelt stehen: denn bei einem Heiden galt Gottlosigkeit, das heißt, die Verachtung der Gottheit als eines der größten Verbrechen. Die modere Erfindung eines Staates ohne Gott kannten die Heiden nicht, deren falsche Religionen immer und überall die Grundlage und zwar die unantastbare Grundlage ihrer Staatsformen bildeten und die gerade deshalb so blutig gegen das emporkeimende Christenthum wütheten, weil es ihre Religion und damit ihren gesammten Staatsorganismus mit vollständiger Vernichtung bedrohte. Ich will eine andere Seite unseres öffentlichen Lebens betrachten, die Wahrhaftigkeit, auf welcher ja der gesammte menschliche Verkehr beruht. Sind in diesem Punkte nicht unsere Verhältnisse, namentlich durch die moderne Politik und durch unsere bezahlte Presse bis zum Unerträglichen herabgesunken? Die Hauptkunst unserer jetzigen Politik besteht darin, auf eine möglichst geschickte, täuschende Weise mit Worten das Gegentheil von dem zu sagen, was man denkt. Kein Staatsmann traut mehr und kann auch mehr den Worten des anderen trauen. Und erst die Presse! Die schamlosesten Lügen werden mit der größten Ungenirtheit in die Welt geschickt. Ich erinnere Sie beispielsweise an die Bullenaffaire im Anfange dieses Jahres, wo eine der bedeutendsten Zeitungen Preußens die Kühnheit hatte, ein Aktenstück, welches von Anfang bis zu Ende erlogen war, der erstaunten Welt als echte päpstliche Bulle zu verkünden, und auf diese gefälschte Urkunde hin Europa zu neuen Gewaltmaßregeln gegen die Kirche und ihr Oberhaupt herauszufordern. Ich erinnere Sie ferner an die vielen politischen und religiösen Sensationsnachrichten, die bald hier, bald dort erfunden und nach allen Richtungen der Windrose hin verbreitet werden, an den lächerlichen liberalen Zeitungslärm über die Nonne Barbara Ubryk, über die Verehrung des Gerippes des Christkindes, des Strohes aus dem Kerker des Papstes, über die angebliche Absicht desselben, die seligste Jungfrau Maria als vierte Person in die heiligste Dreifaltigkeit aufzunehmen, an die Fälschungen von Aktenstücken und Urkunden, die man gegen die Kirche verwerthen zu können glaubt; denken Sie an die unerhörten Lügen, welche noch im Augenblicke jeden Tag aus Haß gegen den Katholizismus über den spanischen Krieg und die angeblichen Greuelthaten der Karlisten durch deutsche Blätter verbreitet werden. Welch' schändliche Verlogenheit entfaltete ferner unsere liberale Presse zur Zeit des vatikanischen Concils. Und wenn wir erst gar die Art und Weise betrachten, wie das Jesuitengesetz in der Presse

vorbereitet wurde, welcher Abgrund von Lügen öffnet sich
uns da? Die infamsten Anklagen und Beschuldigungen
wurden gegen den Orden vorgebracht, die gemeinsten,
entehrendsten Verbrechen ihm angedichtet. Tausende der
Edelsten und Besten unseres Volkes baten, fleheten um
richterliche Untersuchung für die Angeklagten. „Wir verlangen keine Gnade für den Orden," so riefen sie unaufhörlich; „wir fordern das für ihn, was unsere vater-
ländischen Gesetze einem jeden, auch dem niedrigsten Verbrecher gewährleisten, gerichtliche Untersuchung, ein rich-
terliches Urtheil." Es wurde ihnen nicht gewährt. Der
Sinn für Wahrheit war so sehr geschwunden, daß man
sie fürchtete. Der Orden wurde auf unerwiesene, oft
in sich selbst namenlos lächerliche Behauptungen hin
geächtet, verbannt und mit ihm tausende von andern
deutschen Staatsangehörigen, über deren Schuld oder
Unschuld eine richterliche Untersuchung anzustellen man
nicht einmal der Mühe werth erachtete. Den Haupt-
beförderer dieser Maßregeln, und Vater des Jesuitengesetzes, den Geheimen Regierungsrath Wagener, hat
schon die Strafe der Gerechtigkeit getroffen. Er der gegen
die Immoralität der Jesuitenlehre im Reichstage loszog,
er die rechte Hand des obersten Lenkers der deutschen
Geschicke, er wurde von seinen eigenen Genossen im
Angesichte von ganz Deutschland der nichtswürdigsten
Börsenspekulationen angeklagt, welche hunderten und
tausenden unserer deutschen Mitbürger die Früchte langjähriger Arbeiten geraubt hatten. Und was ist geschehen?
Während liberale und offiziöse Blätter bei jedem, auch
dem leisesten Scheine eines Unrechtes auf unserer Seite

vor Entrüstung außer sich gerathen wollen, ließ man über
die Wagener-Affaire bald Gras wachsen; und wenn über
kurz oder lang Fürst Bismark seinen Liebling allem
Geschehenen zum Trotze wieder im Staatdienste ver=
wenden sollte, so wollen wir sehen, ob darüber das
liberale Lager in sittliche Entrüstung gerathen wird.
Die nämlichen Blätter ferner, welche wegen der von
ihnen erfundenen carlistischen Gräuelthaten vor Zorn
fast vergehen und ganz Europa gegen den Banditen=
könig, wie sie Don Carlos, den legitimen Erben des spa=
nischen Thrones nennen, zur Rache rufen, dieselben
Blätter haben es im Jahre 1870 ganz selbstverständ=
lich gefunden und als energische Kriegsführung gepriesen,
als ganze französische Dörfer von den deutschen Trup=
pen in Brand gesteckt, hunderte französischer Bauern
erschossen, und öfter französische Bürger auf die Eisen=
bahnlocomotiven geschleppt wurden, um als Geiseln und
als Mittel zu Repressalien gegen etwaige Versuche
zur Beschädigung der Bahnlinien, welche deutsche Trup=
pen beförderten, zu dienen. Dieselben Blätter, die da=
mals jubelten, als die deutschen Granaten und Bom=
ben in Straßburg und vielen andern französischen
Städten die herrlichsten Gebäude in Schutt und Asche
legten, sie wissen jetzt ihren Zorn kaum zu mäßigen,
wenn eine carlistische Granate in eine republikanische
Festung fliegt. Als vor mehreren Monaten ein deutscher
Jude aus Rußland ausgewiesen wurde, gab es ein
wahres Zetergeschrei in den liberalen Blättern; als aber
hunderte von deutschen Männern und Frauen, nachdem
sie ihr Leben für ihr Vaterland preisgegeben hatten,

in die Verbannung getrieben wurden, da wußten die
nämlichen Blätter vor Jubel sich nicht zu fassen. Als
der republikanische Spion und ehemalige deutsche Haupt=
mann Schmidt von den Carlisten kriegsrechtlich erschossen
worden war, hätte man bei dem liberalen Lärm, der
darüber entstand, glauben sollen, die Welt gehe aus
den Fugen; als aber in Podlachien Kosakenhorden
unter den katholischen Einwohnern wahre Metzeleien
anrichteten und Gräuel an wehrlosen Frauen und Kin=
dern verübten, welche jedes noch menschlich fühlende
Herz mit Abscheu und Entsetzen erfüllten, da fanden
die nämlichen Blätter auch nicht ein Wort des Tadels
über diese fluchwürdigen Vorgänge; die meisten von
ihnen haben sie mit Stillschweigen übergangen.

„Und wie verfahren sie mit uns deutschen Katholiken!
Gibt es noch ein Verbrechen, dessen man uns nicht be=
schuldigte? Tagtäglich wirft man uns Verrath am
Vaterlande, Bündnisse mit den Feinden des Reiches
und dergleichen vor. Nehmen Sie, verehrter Herr,
irgend eine sog. liberale Zeitung zur Hand; auf jedem
Blatte werden Sie diese Behauptung finden; aber ver=
gebens werden Sie auch nur den Schein eines Beweises
suchen; diese Beschuldigungen werden Tag für Tag unter
dem jubelnden Beifalle der sog. liberalen Welt wieder=
holt, und in hunderttausenden von Blättern gedruckt;
und doch ist nach göttlichem und menschlichem Rechte
derjenige, der eine Anklage gegen seinen Mitmenschen
schleudert, ohne sie begründen und beweisen zu können,
ein ehrloser Lügner und Verläumder.“

„Aber mein Herr," fiel ich hier unterbrechend ein, „Sie haben doch im Anfange unserer Unterredung selbst behauptet, daß Sie von dem jetzigen Reiche nichts wissen wollen!"

„Gewiß," fuhr mein Gefährte fort, „aber ist es denn dasselbe, von dem jetzigen deutschen Reiche oder besser gesagt von seiner jetzigen Regierung nichts wissen wollen, und unser deutsches Vaterland verrathen, mit seinen Feinden seinen Untergang planen? Wenn wir gethan hätten, was vor drei Jahrhunderten protestantische Fürsten Deutschlands zur ewigen Schmach des Vaterlandes gethan, wenn wir fremde Kriegsvölker auf unsern heimathlichen Boden gerufen, und mit den Nachbarstaaten zur Bekämpfung des rechtmäßigen deutschen Kaisers geheime Bündnisse geschlossen hätten; hätten wir, wie so viele Deutsche noch heute thun, einen Raubfürsten Gustav Adolph, der Deutschland so furchtbar verwüstet und namenloses Elend über unsere Vorfahren gebracht hat, als Helden und Wohlthäter unserer Nation gepriesen; hätten wir gejubelt und uns gefreut, als die unselige Politik von 1866 die böhmischen Gefilde mit deutschem Bruderblute tränkte, wären wir es, die noch stets nach neuen Kriegen gegen Oesterreich verlangten, um mit Strömen deutschen Blutes ein Deutschland von jeher fremdes Land noch mächtiger zu machen, dann wären solche Beschuldigungen am Platze; aber wo, wann, mein Herr, haben wir Katholiken dies gethan?"

„Ich wußte keine Antwort.

„Sie schweigen, und das ist auch die einzige Antwort, die auf meine Fragen möglich ist. Ich will eben-

falls in dieser Betrachtung über die moderne deutsche
Wahrhaftigkeit nicht mehr weiter fortfahren, obwohl das,
was ich Ihnen beispielsweise angeführt habe, nicht den
tausendsten Theil von dem bildet, was wirklich geschehen
ist. Wollen Sie ein klareres Bild haben, so lesen Sie
nur eine unserer größeren katholischen Zeitungen, und
Sie werden finden, daß fast kein Tag vergeht, an wel=
chem nicht neue Verleumbungen zurückzuweisen und zu
widerlegen wären. Das aber frage ich Sie auf Grund
der Thatsachen, die ich Ihnen vorgeführt, ob wir hier
nicht an einem Abgrunde niederträchtigster Bosheit stehen?
Und wir sollen ein Reich lieben, in welchem dieses
Verderbniß nicht nur geduldet, sondern sogar von
denen, die ihm steuern könnten und steuern müßten,
befördert und begünstigt wird?“

„Mir wurde schwül zu Muthe; ich saß da, wie
ein Schulknabe, dem der Text gelesen wird. Es
war das erstemal, daß mir ein solches Sündenregi=
ster des neuen Reiches vorgehalten wurde, und wenn
ich auch nicht Alles so ohne weiteres für wahr hielt,
so mußte ich mir doch selbst sagen, daß sehr Vieles
richtig war, indem es Dinge und Vorgänge betraf, die
mich selbst früher mit Ekel erfüllt hatten, wenn ich
mich auch nicht zu einer allgemeinen ruhigen Prüfung
unserer Verhältnisse hatte erheben können. Ich hielt
es daher für das Gerathenste, vorläufig einmal ohne
Widerrede das Ende des Vortrages meines schwarzen
Reisegenossen abzuwarten.

„Ich gehe nun,“ begann dieser wieder, „zu einem
anderen Punkte über, nämlich zur Betrachtung der

Freiheit im neuen deutschen Reiche. Wenn man die freiheittriefenden Reden unserer sog. Liberalen bei nationalen Festen hört, wenn man ihre Zeitungen liest, so sollte man glauben, wir seien auf dem höchsten Gipfel bürgerlicher und religiöser Freiheit angelangt. Und dennoch trage ich kein Bedenken zu behaupten, daß unser deutsches Volk während seiner ganzen tausendjährigen Geschichte noch niemals weniger frei gewesen ist, als gerade in unserer Zeit."

"Ich schüttelte ungläubig den Kopf.

"Sie scheinen meinen Worten nicht zu glauben. Nun gut, hören Sie meinen Beweis. Ich will hier eine dreifache Freiheit unterscheiden; die bürgerliche, die religiöse, und eine dritte Art von Freiheit, die ich mit dem Namen, geistige Freiheit bezeichnen will. Diese dreifache Freiheit ist im neuen deutschen Reiche zum großen Theile abhanden gekommen.

"Ich schicke voraus, daß in einem Staate nur dann wahre Freiheit, das heißt die Abwesenheit jedes unberechtigten Zwanges den Gliedern desselben gegenüber, herrscht, wenn dieselbe allen Staatsbürgern, welcher Partei immer sie angehören mögen, zusteht. Einer Partei eine gewisse Freiheit gewähren, während man sie den anderen versagt, heißt offenbar die wahre Freiheit im Staate vernichten.

"Was nun zuerst die bürgerliche Freiheit betrifft, so besteht dieselbe darin, daß ein jeder Staatsbürger, welcher der bestehenden Verfassung nach im Vollgenusse der allen Bürgern verfassungsmäßig zustehenden Rechte sich befinden sollte, durch Niemanden, namentlich durch keine

Verwaltungs- oder Polizeibehörde in der Ausübung dieser Rechte willkürlich beschränkt werden kann und daß es jedem vergönnt sein muß, sich innerhalb der durch Verfassung und die auf ihr beruhenden Gesetze gezogenen Grenzen frei und ungehindert zu bewegen. Wie ist man aber gerade seit Gründung des deutschen Reiches in dieser Hinsicht in den einzelnen Ländern vorgegangen? Seufzen nicht alle sog. „Reichsfeinde," d. h. alle dem jetzt zur Herrschaft gelangten Regierungssysteme nicht unbedingt ergebenen Staatsbürger unter einem sich täglich noch steigernden Drucke! Sind ja doch polizeiliche Haussuchungen, und Beschlagnahme von Papieren, Auflösung von Versammlungen ohne rechtlich stichhaltigen Grund, Verbot der Betheiligung an Vereinen, Confiscation von Büchern und Zeitungen, Preßprocesse so zahlreich geworden, daß die Rechte, welche einem jeden Deutschen kraft Reichs- und Landesverfassung zustehen, durch Verwaltung und Polizei fast illusorisch gemacht werden. Wollen Sie, mein Herr, Belege für diese meine Behauptung, so nehmen Sie nur irgendeine größere katholische Zeitung zur Hand und Sie werden fast Tag für Tag Berichte über derartige Vorkommnisse in ihr finden. Ich meinestheils will Sie an die bekannte Veröffentlichung des bei der Haussuchung in der Wohnung des posener Prälaten Kozmian vorgefundenen Windthorst'schen Briefes an diesen Geistlichen erinnern, eines Briefes, der mit dem Gegenstande der Haussuchung auch nicht den mindesten Zusammenhang hatte, sondern reine, bisher in allen Ländern Europas durch das Briefgeheimniß vor indis-

creter Veröffentlichung rechtlich gesichert gewesene Privat-
angelegenheiten behandelte. Fragen Sie sich selbst, ob
man nach solchen Vorgängen nicht zu zweifeln beginnen
muß, ob die Vertreter des jetzt herrschenden Regierungs-
systemes denn überhaupt noch Rechte einzelner Unterthanen dem Staate gegenüber anerkennen.

Und noch einen andern Fall will ich anführen, der
Ihnen ein noch stärkerer und sprechenderer Beweis für
die Richtigkeit meiner Behauptung sein muß, weil ich
dabei von meinem eigenen Urtheile ganz absehen und
Sie auf das Urtheil eines der ersten Führer unserer
heutigen Liberalen, des Juden Lasker verweisen kann.
Ich meine die dreimonatliche Inhaftirung des Pfarrers
Wehn zu Niederberg bei Coblenz, welche der dortige
Landrath von Frentz gegen denselben wegen verweiger-
ter Herausgabe der lateinischen Kirchenbücher verfügte
und vollzog, obwohl nach den preußischen Gesetzen das
höchste in diesem Falle anwendbare Strafmaß die Dauer
von vier Wochen nicht überschreiten darf. Diese Sache
ist bekanntlich im preußischen Abgeordnetenhause Gegenstand einer Interpellation unseres verewigten unvergeß-
lichen Mallinkrodt gewesen und die herrliche Rede, die
er bei dieser Gelegenheit hielt, war die letzte seines Lebens. Als er nun unter Hinweis auf das Verfahren
dieses Landrathes und die Erklärungen vom Minister-
tische aus die Regierung beschuldigte, daß sie, über die
gesetzliche Grenze von vier Wochen Executivhaft hinaus-
gehend, für sich im Prinzip das Recht in Anspruch
nehme, einen Staatsbürger zmal vier Wochen in ununter-
brochener Reihenfolge, d. h. lebenslänglich einzukerkern;

und als der Minister Falk in seiner Antwort von Neuem diese Gesetzesauslegung, als die der Regierung erklärte, da riß doch selbst dem eifrigsten aller Regierungsanhänger im Abgeordnetenhause, dem Juden Lasker, der Geduldfaden, und richtete derselbe unter dem Beifalle des ganzen Hauses die Worte an den Ministertisch: „Ich bin der Meinung; daß neben einer Auslegung, wie sie der Verordnung von 1808 gegeben und in diesem Falle auch ausgeübt worden ist, eine bürgerliche Freiheit und ein Recht überhaupt nicht besteht; daß das ganze Vermögen und die Freiheit des ganzen Lebens dem Federstrich eines Landraths preisgegeben ist, und daß wir aufgehört haben in einem Rechtsstaate uns zu befinden; daß die reinste Willkür anstatt des Gesetzes waltet." So, mein Herr, sprach sich der Liberalste der Liberalen, der unermüdliche Vertheidiger Bismarks über die jetzt in dem größten Staate Deutschlands, in Preußen herrschende bürgerliche Freiheit aus. Und wenn Sie einen auch nur oberflächlichen Blick auf die Zustände der andern Staaten Deutschlands werfen, so werden Sie finden, daß es mehr oder weniger fast überall ebenso geht. Die Polizei und die Verwaltung führen die unumschränkte Herrschaft. Urtheilen Sie daher selbst, ob ich zu viel gesagt, wenn ich behauptete, daß die bürgerliche Freiheit bei uns fast ganz abhanden gekommen sei.

„Und nun gar die religiöse Freiheit? Die von den Verfassungen uns gewährleistete Freiheit, unsere Religion öffentlich zu bekennen und auszuüben und nach ihren Vorschriften zu leben? Sehen Sie sich in Deutsch-

4*

land um! Vielfach sind die religiösen Vereine verfolgt
und aufgelöst, ihre Vorsteher und Mitglieder gemaß=
regelt und bestraft, die Orden verboten, ihre Ange=
hörigen in die Acht erklärt und aus dem Reiche gewie=
sen, Prozessionen und Wallfahrten behindert, die Seel=
sorge gehemmt, geistliche Erziehungsanstalten aufgehoben,
Kirchengut beschlagnahmt, Bischöfe und Priester abgesetzt
oder verbannt, in den Kerker geworfen, von einem Ge=
richtshofe zum andern geschleppt, die gottesdienstlichen
Handlungen, die Predigt des göttlichen Wortes von
Gensdarmen überwacht, Kirchen und Pfarrhäuser ge=
schlossen, die schnödesten Verhöhnungen des Glaubens,
der hl. Sacramente und der Einrichtungen unserer hl.
Religion geduldet; sehen Sie, das ist eine kurze, allge=
meine, aber wahrheitsgetreue Schilderung unserer reli=
giösen Verhältnisse; das ist unsere heutige Religions=
freiheit. Und wenden Sie nicht ein, daß dies ja doch
dem neuen Reiche nicht zur Last falle, daß dies nur
die Zustände in einzelnen deutschen Staaten seien, von
denen das Reich als solches nichts wisse. Denn diese
Zustände haben größtentheils erst nach der Gründung
des neuen Reiches begonnen, oder sind doch erst seit
jener Zeit so drückend geworden, weil nur die Macht
des Reiches jene Staaten in Stand setzt, die in ihren
leitenden Kreisen zur Herrschaft gelangten bürgerlichen
und kirchlichen Ideen ungescheut und rücksichtslos zu
verwirklichen. Ohne das Reich wären wir nie in sol=
ches Unglück gerathen.

„Und wenn wir nun zur Betrachtung der dritten
Art von Freiheit, welche wir unterschieden haben, der

geistigen Freiheit übergehen, müssen wir da nicht unser
Antlitz verhüllen vor Scham über das Verderbniß, dem
unser Vaterland verfallen ist.? Wo ist sie hingerathen
jene innere Freiheit des Geistes, kraft welcher jene, die
auf die öffentliche Meinung und Volksbildung vermittelst
ihrer Berufsstellung oder ihrer sonstigen Eigenschaften
Einfluß besitzen, das Gute gut und das Böse bös nen=
nen, ohne Rücksicht auf die Person, welche gut oder bös
handelt; jene Freiheit des Geistes, welche den Menschen
innerlich stark macht, nur nach den ewigen Gesetzen der
Wahrheit und Sittlichkeit zu urtheilen, und dieses Ur=
theil niemals um schnöden Gewinnes willen zu fälschen?
Sind unsere Preßzustände nicht derart verderbt, daß auch
die niederträchtigsten und unsittlichsten Handlungen Tau=
sende von Lobhudlern finden? Gibt es ja doch eine Un=
zahl von Zeitungs= und Bücherschreibern, die ihren Ver=
stand und ihre Federn zum Dienste der Lüge verkauft
haben und Tag für Tag schweifwedelnd vor ihren Brod=
herren im Staube liegen und sie in wahrhaft eckelerregen=
der Weise besingen; und diese Lobeserhebungen spenden sie
Menschen, die unter normalen Verhältnissen von der Ver=
achtung aller ehrlichen Leute erdrückt, sich in irgend einem
Winkel der Erde verkriechen und wie das Nachtgevögel
das Licht des Tages meiden müßten. Ist nicht die
Charakterlosigkeit in den sog. gebildeten Ständen so groß
geworden, daß wahre Charaktergröße gar nicht mehr von
ihnen erfaßt werden kann, daß sie lauten Beifall spen=
den, wenn Ehrlichkeit, Gesinnungstreue, Opferwilligkeit,
Hingebung an Gott und Tugend in widerlichster Weise
in den Koth gezogen werden. Und nun frage ich Sie

wieder, mein Herr, läßt sich Angesichts solcher That=
sachen noch von Freiheit im deutschen Reiche reden? Hatte
ich nicht Recht zu behaupten, daß unser Volk niemals
weniger frei gewesen ist, als heute, wo es nicht bloß
seine bürgerliche und religiöse Freiheit fast verloren,
sondern zum großen Theile sogar seinen Verstand und
seinen Willen der Sünde und dem Unrecht um schnödes
Geld verkauft hat?"

„Ich schaute düster und unmuthig zu Boden, weil
ich in der That nichts zu antworten vermochte. Es
ging mir bei den Ausführungen meines Gefährten, wie
dem Bewohner eines schönen Zimmers, der bei Gelegen=
heit baulicher Veränderungen die hölzerne Wandbekleid=
ung abreißen läßt und dabei ganze Nester von Ratten,
Mäusen und anderem Ungeziefer entdeckt. Ich hatte
die Zustände im deutschen Reiche bis dahin für so schön
gehalten; und nun zeichnete mir der schwarze Herr ein
so abscheuliches Bild derselben, ohne daß ich dem Bilde
die Aehnlichkeit hätte absprechen können."

„Ich will nun," fuhr mein Gefährte fort, „Ihre
Aufmerksamkeit auf eine andere Seite unseres öffent=
lichen Lebens hinlenken, welche das Elend unserer Zu=
stände im deutschen Reiche wohl am offensten enthüllt;
ich meine den immer zunehmenden Verfall der guten
Sitten. Es ist durchaus nicht meine Absicht zu behaup=
ten, daß unser Vaterland vor der Gründung des deutschen
Reiches eine Heimathstätte der Gottesfurcht und from=
men Sitte gewesen sei; die schönen Zeiten deutscher
Sittenreinheit, von welchen der römische Schriftsteller
Tacitus so begeistert spricht, sind ja längst vorbei. Allein

trotzdem kann Niemand es in Abrede stellen, daß ge=
rade seit der Gründung des Reiches der sittliche Ver=
fall Deutschlands mit Riesenschritten zugenommen hat.
Den besten Maßstab der Beurtheilung geben uns hierin
die sittlichen Zustände unserer Reichshauptstadt Berlin,
welche mit der in stetem Wachsen begriffenen Centrali=
sation der Regierungsgewalt auch immer mehr für
Deutschland das werden zu wollen scheint, was Paris
für Frankreich in sittlicher und religiöser Beziehung
schon seit Jahrhunderten ist. Nachdem kaum ein Jahr
seit Gründung des Reiches verflossen war, wurde die
Zahl der bestraften Menschen, welche sich in Berlin von
Diebstahl, Raub und Unzucht nähren, in öffentlichen
Berichten schon auf 60—80,000 geschätzt, wurden von
allen Seiten die bittersten Klagen darüber laut, daß der
Bürger diesem Gesindel gegenüber so gut wie vogelfrei,
und seinen Drohungen und thatsächlichen Angriffen
schutzlos preisgegeben sei. Die Zahl derjenigen, welche
in Folge ihrer Ausschweifungen ein frühes Grab fin=
den, die Zahl der Selbstmörder wird fast Legion. Im
Jahre 1872 betrug die Zahl der Frauenzimmer, die
das Laster zum Gewerbe gemacht, schon über 30,000.
Die Zahl der Kinderleichen, welche zum großen Theile
mit den Spuren der Gewaltthat in Senkgruben, Abor=
ten und Gossen, Canälen, zwischen Dachsparren u. s. w.
aufgefunden werden steigt fortwährend. Es ist sehr
gering angeschlagen, wenn man behauptet, daß unsere
Reichsmetropole jährlich mindestens zwanzig Millionen
Thaler ihren unreinen Lüsten opfert. Die schmutzigsten
Theaterstücke, welche die Heiligthümer der Religion und

Sittlichkeit offen verhöhnen, gehen unter dem Beifalls= sturme der Zuschauer aller Stände hundertemale über die Bühnen und die Wirkungen der sittenlosen Berliner Theater auf Nord= und Mittel=Deutschland machen sich mit jedem Tage fühlbarer. Und alle diese Einflüsse werden noch verstärkt durch den größten Theil derjeni= gen Tagespresse, die vorzugsweise in den arbeitenden Klassen Berlins ihren Leserkreis findet und durch jene unsaubere, frivole und auf's schamloseste illustrirte Li= teratur, welche unsere Jugend vergiftet und uns Kata= strophen entgegenführt, wie sie Paris zum Schrecken von ganz Europa vor wenigen Jahren unter der Herrschaft der Commune erlebt hat.

Welch' einen Einblick in die sittliche Fäulniß Ber= lins gewährt allein schon die Erscheinung, daß sich seit längerer Zeit in der Nähe der Gerichtssäle Individuen aufhalten, die sich gegen Bezahlung als Zeugen in je= der Prozeßsache anbieten. Vor nicht zu langer Zeit trat, wie Berliner Blätter berichteten, ein solch' verkom= menes Subject an einen Herrn heran mit den Worten: „Lieber Herr, wenn Sie eenen Zeugen suchen, so nehmen Sie mir; ick schwöre um die Hälfte billiger als alle meine Collegen; die nehmen zehn Froschen, ick bloß fünfe." Und was hilft es, mein Herr, wenn die Re= gierung, um diesem entsetzlichen Unwesen einen Damm entgegenzusetzen, die Polizeimannschaften von Jahr zu Jahr vermehrt? der von Tag zu Tag stärker und ver= zweifelter ertönende Ruf nach Hülfe muß ja ungehört und wirkungslos verhallen, so lange man das einzige Mittel, das helfen könnte, die Macht und die Einwirk=

ung der Religion beharrlich von sich weist. Und wie
in Berlin, so nimmt das sittliche Elend auch in den
Provinzen, in allen Theilen Deutschlands, wenn auch
in geringerem Maße zu. Gegenden, in welchen Raub=
anfälle, Einbruch, Mord und Todtschlag vor wenig
Jahren noch eine Seltenheit waren, werden jetzt fast
unaufhörlich durch grauenvolle Verbrechen in Allarm
gehalten. Und dieses Verderben, das jetzt über uns mehr
und mehr hereinbricht, wird ein riesengroßes werden,
wenn die neue Ordnung der Dinge einmal ihre Früchte
gezeitigt haben wird; wenn die Schule ganz in den
Händen glaubensloser Lehrer, wenn die Verbannung
das Loos aller Priester, wenn die einzige Wächterin der
Sittlichkeit, unsere heilige Religion aus dem Herzen des
Volkes gerissen sein wird; ein Loos, vor dem uns der
Herr bewahren wolle, dem wir aber unrettbar verfal=
len müssen, wenn die Wege, die Deutschland jetzt wan=
delt, nicht bald verlassen werden. Denken Sie ferner,
verehrtester Herr, an die Kühnheit, mit welcher die Ver=
treter der Socialdemokratie schon jetzt die Schandthaten
der Pariser Commune offen und ohne Scheu selbst in
den Räumen des Reichstages zu Berlin verherrlichen;
wie sie in Versammlungen und Tagesblättern die Ehe
als ein sträfliches Monopol, die Frauengemeinschaft als
ein Recht des Arbeiterstandes fordern und das Glück
dieser Bevölkerungsklasse erst für jene Zeit vorhersagen,
wo der „ganze Firlefanz der Religion über Bord ge=
worfen sei.“ Ich übergehe den Unfug der Wahrsagerei,
der jetzt in Berlin, „der Hauptstadt der Intelligenz,“
sich so breit macht, daß zuweilen in einer einzigen

Zeitungsnummer sich sieben verschiedene Wahrsager und Wahrsagerinnen geschäftlich anzeigen. Es ist ja zu naturnothwendig, daß derjenige, welcher Gott und die wahre Religion verläßt, sich dem Teufel und dem Aberglauben in die Arme wirft. Ich erinnere Sie aber an den entsetzlichen Gründungsschwindel, der die Zahl der Armen so enorm vermehrt. Die Zahl der arbeitenden Armen beträgt in Berlin schon an 40,000 Seelen, die Fabrikarbeiter, welche von der Hand in den Mund lebend, allen zerstörenden Einflüssen der Gottlosigkeit ausgesetzt sind, zählen in Deutschland bereits nach Millionen. Mord, Unzucht, Raubanfälle, Brandstiftung, Diebstahl, Straßenkravalle der ernstesten Art folgen sich unaufhörlich. Und wenn Sie nun, mein Herr, alle diese Zustände, die ich Ihnen hier natürlich nur in flüchtiger Skizze vorführen kann, ruhig erwägen, dann werden Sie mir beistimmen und mit mir bekennen, daß wir auf einem Vulkane stehen, dessen unterirdische Donner einen nahen Ausbruch ankündigen, einen Ausbruch, der unser Vaterland mit Blut und Thränen überfluthen wird. Dann freilich, wenn dieses namenlose Elend über uns hereinbrechen wird, wenn die Wogen der Revolution tobend über Fürsten und Regierungen zusammenschlagen und Alles in ihrem Strudel begraben, dann wird es sich zeigen, wessen Urtheil über das neue Reich und seine Folgen das Richtige war, dann wird die wahre Erkenntniß unserer heutigen Zustände auch denen sich aufdrängen, deren Abgott jetzt dieses unselige neugegründete Reich ist; an seinen Früchten wird man es erkennen."

Bei diesen Worten hielt mein Gefährte einige Augen=
blicke erschöpft inne. Mir graute es vor dem Bilde,
das er mir entrollt, und welches in meinem ganzen
Ideenkreis eine wahre Revolution hervorgerufen hatte.
Dennoch hing ich an seinen Lippen und konnte es vor
Ungeduld kaum erwarten, bis er seinen Vortrag wieder
beginnen würde. Der Mann mit seiner einfachen Sprache,
mit seinen funkelnden Augen, seinen ernst wohlwollen=
den Zügen, seiner angenehmen, klangreichen, festen Stimme
übte eine wunderbare Gewalt über mich aus, eine Ge=
walt, die ich nur fühlte, aber nicht begriff, die mich zu
ihm hinzog, ohne mich ganz zu überzeugen.

„Es bleibt mir nun,“ begann derselbe nach einer
kleinen Pause wieder, „noch ein Punkt zu erläutern und
das sind unsere heutigen sog. Rechtszustände. Ich will
mich dabei auf Weniges beschränken, obwohl sich mir
bei dem bloßen Gedanken an dieselben Betrachtungen
der bittersten Art aufdrängen. Ich übergehe es also,
Ihnen zu schildern, auf welche überstürzte Weise so viele
unserer Gesetze fabrizirt werden, so daß wir fast in je=
der Land= und Reichstagssession nicht bloß aus dem
Centrum, sondern auch aus der Mitte der liberalen
Partheien die bittere Klage vernehmen müssen, daß die
Regierung oft die wichtigsten und schwierigsten Gesetze
erst wenige Tage vor Schluß der Session einbringe,
wenn eine gründliche Berathung nicht mehr möglich sei.
Ich will davon absehen, auf welche Art heutzutage die
Wahlen beeinflußt werden, aus welchen unsere Volks=
vertreter hervorgehen; wie diejenigen Beamten gemaß=
regelt werden, welche einem der Regierung nicht geneh=

men Candidaten ihre Stimme geben. Ich will mich auch nicht in Betrachtungen über die in jedem anderen Lande der Welt unerhörte Scene ergehen, in welcher Fürst Bismark die liberalen Abgeordneten, als sie ihm nicht gehorsam genug waren, offen daran erinnerte, daß sie auf seinen Namen gewählt seien. Ich überlasse viel= mehr alle diese Vorkommnisse Ihrer eigenen Betracht= ung, um Ihre Aufmerksamkeit auf das so namenlos thörichte und unsinnige Grundprincip unserer modernen Gesetzgeber hinzulenken, welches alles das für Recht erklärt, was auf „gesetzlichem Wege," d. h. durch Stimmenmehrheit in der Kammer beschlossen wird; Beschlüsse, deren Zustandekommen so oft dem reinsten Zufalle anheimgegeben, je nachdem ein paar Anhänger oder Gegner der Gesetzesvorlage mit oder ohne Urlaub und rechtmäßigen Grund der Sitzung fern= geblieben sind. Da müssen wir es doch zu unserer tiefsten Beschämung gestehen, daß unsere gepriesene „Cul= tur" uns in unserer Erkenntniß selbst unter die Bild= ung des alten Heidenthums erniedrigt hat. Denn das haben selbst die alten Heiden erkannt, daß nicht alles, was Gesetz geworden, damit auch Recht sei. Sophocles in seiner Antigone, Plato in seiner Apologie des Socrates, verwer= fen den entgegenstehenden Grundsatz mit Entrüstung; und Cicero nennt ihn in seiner Schrift de legibus geradezu einen Unsinn. Ich habe, mir die Stelle gemerkt: „Das aber," sagt dieser weise Römer, „ist das Unsinnigste, alles für Recht zu halten, was in den Verfassungen oder den Gesetzen der Völker festgesetzt ist." Wie die christliche Lehre über diesen von unsern liberalen Mini=

stern mit solchem Nachbrucke und so oft hervorgehobenen
Grundsatz urtheilt, brauche ich Ihnen nicht zu sagen.
Der apostolische Ausspruch, „man muß Gott mehr ge-
horchen, als den Menschen," wäre gegenstandslos, wenn
es keine ungerechten Gesetze geben könnte. So weit sind
also unsere Rechtszustände bereits gediehen, daß wir
Wahrheiten nicht mehr einsehen, welche selbst von den
Heiden erkannt wurden. Und doch, dürfen wir uns
darüber wundern?

Ich bin überzeugt, daß, wenn jemand in unsern
heutigen Kammern unter den Abgeordneten ein Examen
aus dem Naturrechte anstellte, eine erkleckliche Anzahl
liberaler Gesetzesmacher nicht einmal die alte Begriffsbe-
stimmung eines Gesetzes: **Gesetz ist eine Anordnung
der Vernunft zum Wohle der Gemeinde von
dem, der ihr vorgesetzt ist, erlassen und recht-
mäßig promulgirt,** angeben könnten, wie denn auch
manche unserer modernen Gesetze nach dieser Begriffsbe-
stimmung geprüft, sich als dieses Namens unwürdig
erweisen dürften. Ich übergehe es ferner, mit welcher Verachtung jetzt die Centrumspartei im Land- und Reichstag
von der liberalen Majorität unter dem lauten Jubel
der liberalen Presse niedergestimmt wird, während die
nämlichen Blätter seiner Zeit über die angebliche Un-
terdrückung der sog. Minorität auf dem vatikanischen
Concil durch die Majorität nicht zornig genug werden
konnten; ich will nur noch einen Punkt hervorheben,
der mir stets, so oft ich an ihn denke, ein wahres
Grauen verursacht, und der so recht in evidentester
Weise die Zustände zeigte, in welche unsere Gesetz-

gebung gerathen ist; ich meine die Lücken in den Maigesetzen. Monatelang wurden diese Gesetzentwürfe vorbereitet, die einzelnen Bestimmungen derselben erwogen und geprüft und dann in den Kammern berathen; und als sie angewendet werden sollten, da zeigte es sich, daß die Gesetze gerade in den wichtigsten Punkten ungenügend waren, um die bestimmt ausgesprochenen Zwecke ihrer Urheber zu verwirklichen. So wenig klar war man sich also der gestellten Aufgabe bewußt, so wenig kannte man die Einrichtungen der katholischen Kirche, gegen welche man vorgehen wollte, daß aus monatelangen Berathungen ein Gesetzwerk hervorging, das an allen Ecken und Enden lückenhaft den Hauptzweck unerreicht ließ und fast dem Rathhause der Schildbürger glich, welches, als sein Bau vollendet da stand, alles besaß, nur die Fenster nicht. Und nun entstand in dem Verfahren der preußischen Gerichte ein Wirrwar, wie er wohl beispiellos in den Annalen der Rechtspflege dasteht. Ich will Ihnen nur einige Fälle in's Gedächtniß rufen. Während der Erzbischof von Posen, Graf von Leodochowsky, der Erzbischof von Cöln, der Bischof von Trier und andere Kirchenfürsten wegen Anstellung von Geistlichen ohne vorherige Anzeige beim Oberpräsidenten auf Grund des Gesetzes vom 11. Mai 1873 zu enormen Geldstrafen und monatelangem Gefängnisse verurtheilt wurden, wurde der Bischof von Limburg an der Lahn, der ebenfalls einen Geistlichen ohne vorherige Anzeige beim Ober-Präsidenten angestellt hatte, auf Grund des nämlichen Gesetzes vom Limburger Kreisgerichte freigesprochen.

Eine Anzahl preußischer Gerichte sprach die ohne vor=
herige Anzeige beim Oberpräsidenten angestellten Geist=
lichen, wenn sie wegen Vornahme geistlicher Amtshand=
lungen angeklagt waren, frei, während andere Gerichte
andere maigesetzwidrig angestellte Geistliche, die dieselben
Handlungen vorgenommen hatten, zu Geldstrafen und
Gefängniß verurtheilten; in dem einen Gerichtsbezirke
war erlaubt, was in dem andern verboten war, bei dem
einen Tribunal galt eine stille heilige Messe als Amts=
handlung und strafwürdig, bei dem andern war sie ein
Act der Privatandacht und straflos; das Appellations=
gericht vernichtete das Urtheil des Gerichts erster In=
stanz; das Obertribunal, das des Appellationsgerichtes,
kurz es herrschte eine wahrhaft babylonische Verwirrung
in dem gepriesenen Rechtsstaate Preußen und Eigenthum
und Freiheit der Staatsbürger war und ist zum Theile
noch dem persönlichen Ermessen der einzelnen Richter
preisgegeben. Aber so muß es kommen, wenn der Li=
beralismus die Herrschaft führt, dessen Grundsätze es
auch gestatteten, daß der Schrei nach gerichtlicher Unter=
suchung der den Jesuiten zur Last gelegten Verbrechen un=
gehört verhallte, daß an ihnen Verbrechen bestraft wur=
den, die sie nie begangen hatten.

Dazu kommt die fortdauernde drückende Behandlung
der sog. Reichslande; die grausamen Mißhandlungen,
denen so viele Soldaten Seitens ihrer militärischen Vor=
gesetzten ausgesetzt sind, und zwar oft ohne daß es ihnen
möglich wäre, eine wirksame Klage zu erheben; Mißhand=
lungen, welche erst in diesen Tagen Gegenstand der
Verhandlung in Kammern und Gerichtssälen waren.

Und doch sind die Mißhandelten Soldaten, die ihr Leben
für König und Vaterland hundertmal in die Schanze ge=
schlagen haben. Ich frage Sie, mein Herr, ist es nicht
undankbar, des Vaterlandes treueste Söhne so zu miß=
handeln? Denken Sie ferner an die Gewaltthaten,
welche sich so häufig rohe Militärpersonen gegen fried=
liche Bürger erlauben. Gehen nicht alle paar Wo=
chen durch unsere Zeitungen allarmirende Nachrichten
von solchen Verbrechen des Militärs, die dann vom
Militärgericht, auch wenn es blutige Morde sind,
mit höchstens einigen Wochen oder Monaten Festung
bestraft werden? Ja, wahrhaftig das Herz blutet
einem jeden ehrlichen Deutschen beim Anblicke des
Elendes, das über uns gebracht worden ist. Wir
haben Opfer ohne Maß und Zahl gebracht, und
der Lohn dafür ist schwärzester Undank. Unser Volk
wird von einer Partei, die vor Jahren schon gegen
Thron und Altar sich offen erhoben hat, wie ein Haufe
Sclaven behandelt, dem gegenüber keine Rücksicht mehr
geboten ist. Man hat ohne Gericht, ohne Urtheil
tausende von friedlichen Ordenspersonen beiderlei Ge=
schlechtes aus dem Lande gejagt. Sie hatten lange
Jahre hindurch mit unermüdlichem Eifer in den Schu=
len und Familien gewirkt; ihr Leben war ein bestän=
diges Opfer; ihr einziges Verbrechen war ihre Liebe
zu ihrem Glauben, ihrer heiligen Kirche. Tausende
von bekümmerten Eltern, von der Verwilderung preis=
gegebenen Kindern weinen ihnen nach; an dreitausend
Schulen im Lande Preußen stehen leer; aber Alles dies
macht keinen Eindruck auf diejenigen, welche ihre Liebe

zum Volke, ihre Sorge für des Vaterlandes Wohl nicht
genug angreifen können. Die Lehrer, die Wohlthäter unse=
res Volkes, sie mußten fort und wenn auch ganze Gemein=
den, ganze Distrikte flehentlich um ihre Beibehaltung
baten; wenn auch in vielen Gemeinden die Steuern
fast um das doppelte erhöht werden mußten. „Fort,"
hieß es ohne Unterlaß von der einen Gränze des Landes
bis zur andern, „fort mit Euch!" Und wie verleumdet man
uns Priester der katholischen Kirche, unsere Lehre, unser
Wirken? Ich habe nunmehr zweiundzwanzig lange
Jahre im Dienste meiner Mitmenschen als Seelsorger
zugebracht und bin mir vor Gott bewußt, den mir an=
vertrauten Seelen nie etwas Unrechtes gelehrt und meine
Pflichten gegen mein Vaterland treu erfüllt zu haben;
mein einziger Bruder ruht auf den Gefilden von Sedan,
wo er als Landwehroffizier im Kampfe fiel; meine
Schwester und meine Nichte, beide in den Lazarethen
thätig, starben in Folge unsäglicher Mühen im Dienste
der Verwundeten für's Vaterland. Blicken Sie hinüber nach
jenem Kirchthurm in einiger Entfernung rechts von uns; auf
dem Gottesacker, der sich an seinem Fuße ausdehnt, ruht
ihre irdische Hülle; ein Leichenstein deckt beide mir so un=
aussprechlich theure Herzen. Ich selbst zog mir in den
Spitälern ein heftiges Fieber zu, das auch mich an den
Rand des Grabes brachte; und als ich nach monate=
langen Leiden wieder genesen war, traf mich die Nach=
richt von dem Tode der Meinen; der Krieg, die Liebe
zum Vaterlande, hat mir das Theuerste, was ich besessen,
entrissen; ich stehe einsam und allein mit meinem Schmerze
in dieser Welt; mit einem Schmerze, dessen Größe nur

der ermessen kann, der es selbst erfahren, was ein treu liebender Bruder, eine besorgte Schwester unserm Herzen sind. Und doch, mein Herr, ich würde diesen Kummer in mir verschließen, ich würde nie den Mund zu einer Klage öffnen, hätte man unsere Opfer nicht so schnöde vergolten."

Bei diesen Worten hielt der Priester inne, während große Thränen unaufhaltsam über seine Wangen rollten.

Ich schwieg ebenfalls tief ergriffen still.

„Ich überlasse es Ihrem Herzen," fuhr mein Gefährte nach einer kleinen Pause wieder fort, „zu ermessen, welche Gefühle meine Brust erfüllen müssen, wenn mir und meinen Mitbrüdern im geistlichen Amte, deren hunderte die nämlichen und noch größere Opfer für's Vaterland gebracht haben, der Vorwurf der Vaterlandslosigkeit, und des Verrathes an Deutschland von Leuten gemacht wird, die vielleicht nie einen Heller für Deutschland geopfert haben, sondern bei all' ihrem Thun und Reden kein anderes Interesse, als ihr eigenes kennen und erstreben.

Und wie wir Priester Opfer gebracht, so auch unser gutes katholisches Volk. Sechszehn Jünglinge und vier Familienväter aus meiner Gemeinde sind auf den französischen Schlachtfeldern gefallen und was wird der Lohn für ihre treue Hingebung sein? Mich kann Gott jeden Tag abrufen und dann wird man ihre Heimath, ihre Angehörigen der geistigen Verwilderung preisgeben. Mein Herr, wenn so im deutschen Reiche mit uns verfahren wird, wenn solch' ein Elend, solch' ein Verderben in ihm herrscht; wenn Tugend, Treue und Glauben so verhöhnt, verlästert und verfolgt wird; kann man es uns dann verargen, wenn wir ihm keine Sympathien entgegenbringen? Hatte ich dann nicht volles Recht zu behaupten, daß die Nachwelt dereinstens vielleicht versucht sein wird, diesem Abschnitte der deutschen Geschichte den Titel zu geben: „Deutschland in seiner tiefsten sittlichen Erniedrigung?"

Mein Gefährte schaute mich bei diesen Worten fragend an und schwieg. Ich kämpfte mit mir selbst und wußte nicht, was ich ihm antworten sollte. Das konnte ich mir nicht verhehlen, daß der Schwarze Herr allerdings mit seiner Abneigung gegen dieses neue Reich Recht habe, wenn seine Schilderung die Wahrheit berichtete. Allein so sehr ich seinen Ausführungen theilweise beistimmen mußte, so schien mir doch Manches in ihnen übertrieben. Namentlich was er von dem Mangel an bürgerlicher Freiheit, von den Mißhandlungen der Soldaten, und der Ordensleute, und von der Verlogenheit der Zeitungen gesagt hatte, schien mir denn doch die Wahrheit bedeutend zu übersteigen. Ich gab daher eine ausweichende Antwort, ohne zu ahnen, daß ich ganz bald die Wahrheit seiner Worte an mir selbst erfahren sollte.

„Mein Herr," entgegnete ich ihm, „wenn ich auch noch nicht von Allem, was Sie gesagt, vollkommen überzeugt bin, so will ich Ihnen doch nicht verhehlen, daß Ihre Worte einen tiefen Eindruck auf mich gemacht haben und daß ich den festen Entschluß gefaßt habe, von nun an genauer zuzusehen und die Verhältnisse objectiv zu prüfen. Ich bin Ihnen für Ihre Bemerk-

5*

ungen von Herzen dankbar. Dürfte ich um Ihren
werthen Namen bitten?"

„Recht gerne," erwiederte der Fremde, indem er mir
seine Karte reichte, auf welcher ich die Worte las:

Fr. Rentlitz,
Doctor der Theologie,
Dechant und Pfarrer zu Weilerau.

Ich reichte ihm ebenfalls die Meinige. Da ver=
kündete mir das Pfeifen der Maschine, daß wir in der
Nähe von K. seien.

„Sie steigen in K. aus?" fragte mein Gefährte,
als er sah, daß ich meine Kleider ordnete; „ich hatte
ebenfalls die Absicht dort auszusteigen; allein ich habe
mich entschlossen, noch einige Stationen weiter zu fahren,
um einen alten Freund zu besuchen, und dann nach
Hause zurückzukehren; ich habe von da nur noch eine
Stunde zu Fuß zurückzulegen. Sollten Sie Zeit fin=
den, mich in Weilerau ein Mal zu besuchen, so können
Sie der freundlichsten Aufnahme sich versichert halten."

„Herzlichsten Dank für Ihre freundliche Einladung,"
entgegnete ich ihm die Hand zum Abschiede reichend,
„wenn es mir irgendwie möglich sein wird, werde ich
von Ihrer Güte Gebrauch machen." Ich nahm rasch
meinen Koffer und stieg aus.

Als ich schon auf dem Waggontritte stand, bemerkte
er lächelnd:

„Sehen Sie sich vor, daß man Sie nicht für einen
verkleideten Jesuiten hält. Sie werden sich erinnern,
daß wir beim Abfahren von M. polizeilich inspizirt

wurden. Sie sehen einem verkappten Jesuiten viel ähnlich."

„Ich einem Jesuiten ähnlich?" rief ich lachend, „das müßte denn doch komisch hergehen, bis jemand zu einem solchen Irrthum sich verstiege."

„Bei Gott und in Preußen ist kein Ding unmöglich," gab der Decan scherzend zurück. „Sie sind schwarz gekleidet, haben ein schmales, bleiches Gesicht, sind auf dem Wege, ein guter Ultramontaner zu werden und —

„Aussteigen, meine Herrn, der Zug geht ab," unterbrach uns der Zugführer.

„Auf Wiedersehen, Herr Decan," rief ich meinem neuen Freunde die Hand drückend zu. Der Schaffner schlug die Waggonthüre zu, und der Zug brauste weiter.

Drittes Kapitel.

Im Gefängnisse.

Ich stellte meinen Koffer auf die Erde, sah einen Augenblick dem Zuge nach und begann dann zu überlegen, was ich nun beginnen solle. Jetzt erst kam mir der Gedanke, daß ich eigentlich einen recht unüberlegten Streich gemacht habe, indem ich so planlos von M. abreiste; denn ich hatte in K., einer mittelgroßen Stadt, keine Bekannten und war auch noch nie daselbst gewesen. Nach einigen Minuten des Nachdenkens hielt ich es für das Beste, zuerst einen guten Gasthof aufzusuchen und dann mir die Stadt ein wenig anzusehen. Später konnte ich ja noch einen passenden Reiseplan entwerfen. Ich nahm also meinen Koffer, um nach der Stadt zu gehen, welche einige Minuten vom Stationsgebäude entfernt ist. Als ich aus dem Bahnhofe wieder in's Freie trat, gewahrte ich einen Gensdarmen, der von einer Anzahl jener Strolche umgeben war, die den Reisenden auf allen größeren Stationen durch ihr zudringliches Wesen lästig fallen. Sonderbarer Weise rührte sich bei meiner Annäherung keiner von ihnen; sie sahen mich alle mit höhnischen Blicken an.

„Welch' ein Pfaffengesicht"; hörte ich einen von ihnen halblaut sagen.

„Ein Jesuit von reinstem Wasser", bemerkte ein anderer.

„Das wird einen kostbaren Spaß abgeben", lachte ein dritter.

„Ist auch Alles vorbereitet"? fragte ein anderer.

„Ruhig, ruhig", riefen mehrere, als ich der Gruppe ganz nahe gekommen war.

Jetzt trat der Gensdarm mit ernster Amtsmiene auf mich zu, zog ein Blatt Papier aus der Tasche und fragte:

„Wie heißen Sie und woher sind Sie?"

„Mein Name ist Ferdinand Wallenberg und ich wohne zu M.", entgegnete ich verlegen.

„Auf welcher Station haben Sie den Zug bestiegen, den Sie so eben verlassen haben?"

„In M."

Im Nu war ich von der ganzen Rotte umstellt, was meine Verwirrung noch vermehrte.

„Was ist Ihr Gewerbe?" forschte der Gensdarm weiter.

„Ich betreibe kein Gewerbe", antwortete ich.

„So? Wovon leben Sie denn?"

„Von meinem Gelde."

„Von Ihrem Gelde? Hm! Sind Sie verheirathet?"

„Nein!"

„Verstehen Sie Latein?"

„Etwas."

„Haben Sie einen Paß?"

„Paß? Braucht man denn einen Paß, wenn man auf ein paar Tage verreisen will?"

Meine sichtlich wachsende Verlegenheit erhöhte den Muth und den Diensteifer des bewaffneten Mannes. Er musterte mich von Kopf bis zu den Füßen.

„Wenn Sie sich nicht als wirklicher Ferdinand Wallenberg aus M. in genügender Weise ausweisen können, so muß ich Sie verhaften. Sie sind dringend verdächtig, ein verkleideter Jesuit zu sein, der trotz der Verbannung des Ordens aus dem deutschen Reiche seit längerer Zeit die Gegend unsicher macht, ohne daß wir bis jetzt seiner habhaft werden konnten."

„Ich ein Jesuit?" rief ich erstaunt und furchtsam zugleich, indem ich mich der letzten Worte des Decans Rentlitz erinnerte. „Aber um Gotteswillen, wie kann man mich für einen Jesuiten ansehen. Fragen Sie in M. an, ob Ferdinand Wallenberg ein Jesuit sei."

„Da hätten wir viel zu thun, wenn wir wegen eines jeden Landstreichers — "

„Mein Herr, ich verbitte — "

„Verbitten Sie sich, was Sie wollen", erwiederte der Gensdarm barsch, „wenn Sie sich nicht sofort legitimiren, erkläre ich Sie für verhaftet und führe Sie ab."

Was sollte ich beginnen? Ich suchte in meiner Rocktasche, jedoch umsonst, denn ich hatte in der Eile vergessen mein Kartenetui beizustecken; die Karte, die ich Decan Rentlitz gegeben, hatte sich zufällig in der Tasche gefunden. Vielleicht, dachte ich, befindet sich die eine oder andere oder sonst ein brauchbares Papier im Koffer. Der Gensdarm schien den gleichen Gedanken zu haben. „Beeilen Sie sich“, rief er ungeduldig, „öffnen Sie Ihren Koffer und suchen Sie da.“

„Ich griff nach meinem Schlüssel, wäre aber vor Schrecken beinahe umgefallen, als mein Blick auf den neben mir stehenden Koffer fiel und ich denselben sofort als einen fremden, mir nicht zugehörigen erkannte, obwohl er dem Meinigen an Form und Größe täuschend ähnlich sah. Ich fühlte, wie mir das Blut aus den Wangen wich.

„Entschuldigen Sie“, rief ich stammelnd in höchster Angst, „ich weiß nicht — ich begreife nicht —“

Der Gensdarm, dem meine Verlegenheit nicht entging, rief zornig: „Nun wird's bald?“

„Ich weiß nicht“, gab ich halbtodt vor Schrecken zurück, „ein Versehen —“

„Geben Sie mir den Schlüssel“, schrie der Andere, indem er mir den Schlüssel aus der Hand riß; „ich werde den Koffer öffnen.“

„Nein, nein“, keuchte ich; allein es war schon zu spät; der Gensdarm steckte den Schlüssel in das Schloß, drehte ihn ein paarmal gewaltsam herum, — ein Krach, der Koffer flog auf und dann ertönte nach einem kurzen Schrei der Ueberraschung, von allen Seiten her ein solches Gejohle und Geheul, wie ich es noch nie in meinem Leben ärger gehört hatte.

Dem geöffneten Koffer entquollen Windeln, Nacht=
hauben, Halstücher, Spitzentaschentücher, Pomadetöpf=
chen, kurz die ganze Ausstaffirung eines Damentoiletten=
zimmers im buntesten Durcheinander.

Kreideweiß und zitternd vor Schrecken stand ich da,
während mich die Menge von allen Seiten mit Schimpf=
und Drohworten überhäufte. Was war hier vorge=
gangen?

Der Gensdarm quetschte Alles, so gut es ging
wieder in den Koffer, pflanzte sich mit drohender Miene
vor mir auf und fragte: „Wo haben Sie diesen Koffer
gestohlen?“

„Ich weiß selbst nicht“, entgegnete ich tonlos, „ich
habe ihn nicht gestohlen, ein unglückliches Versehen —“

„Ei freilich“, höhnte der Gensdarm, „jeder Dieb
versieht fremdes Eigenthum für das Seine; nun die
Erklärung werden Sie dem Gerichte geben. Nur Ge=
duld Bürsch'chen; die Geschichte wird immer netter; ein
Jesuit, mit gestohlenem Gute; ei, ei, da haben wir ja
einen schönen Fang gethan; erhabener Reichskanzler,
wie weise war dein Beschluß, solches Gelichter aus dem
Reiche zu schaffen.“

„Aber ich bin kein Jesuit, ich habe den Koffer nicht
gestohlen — ich bin ein ehrlicher Mann; laßt mich los!“
schrie ich jetzt auf einmal, in einen rasenden Zorn ge=
rathend.

„Nur ruhig, Männchen“, spottete der Gensdarm,
„sonst lege ich dir Armbänder an. Du kommst bald
in Nummero Sicher. Leute, macht Platz.“

„Jesuit, Schuft, Verräther, Reichsfeind", scholl es jetzt, indem die Menge mich von allen Seiten umringte und hin und her stieß, so daß ich für einige Augenblicke wie besinnungslos umhertaumelte. Dann raffte ich mich wieder auf, suchte mich des tobenden Gesindels zu erwehren, und schrie wie außer mir: „Laßt mich doch los, ich bin ja kein Jesuit!"

„Jesuit, Schuft", scholl es zurück und das Stoßen und Heulen begann von Neuem, während der Gensdarm bedächtig einige Notizen in sein Tagebuch schrieb, den Koffer in die Hand nahm und erst dann sich durch den Haufen, der mich umringt hatte, durchdrängte, mich bei der Hand faßte und mich ihm folgen hieß. Meine Dränger ließen mich nun vorwärts gehen, begleiteten mich aber unter wüstem Schreien und Lärmen zur Stadt. Kaum waren wir einige Schritte gegangen, da stimmte ein bärtiger, besser als die Uebrigen gekleideter Mann das bekannte Spottlied auf die Jesuiten an, welches mit den Worten beginnt:

„Der Teufel saß in der Höll',"

in welches der ganze Chorus heulend einstimmte. Ich habe das Lied im „Russischen Hofe" oft singen gehört, und kann es ganz auswendig. Der Text, so recht characteristisch für den infernalen Haß aller Kirchenfeinde gegen diesen hochverdienten Orden, lautet folgendermaßen:

„Der Teufel saß in der Höll' und krümmte sich vor
Schmerz,
Weil der Mönch Luther sich gefasset das Herz,
Einzugreifen in der Welten Ring,
Und zu stürzen die alte Ordnung der Ding.

„Ist's nicht genug", so heult er, daß es weithin schallt,
„Daß der Arge sich wagt an die geistlich' Gewalt?
„Muß er auch noch mein eigen Reich und Dominium
„Sich erkühnen zu stürzen um und um?
„Bei meiner Großmutter, er ist im Stand und erobert
               die Höll',
„Wenn ich ihm nicht eine größere Macht entgegenstell'!
„Doch wer hilft mir in dieser schweren Noth,
„Wo die Welt aus den Fugen zu gehen droht?"
So heult der Satan und schlug sich vor's Hirn,
Daß blutgefärbt war bald die schwarze Stirn.
Da trat die Schlang' zu ihm, das alt'giftig Thier,
Welcher von Bosheit, Trug und List der Bauch berstet
               schier,
Und flüstert ihm leis ein paar Wort' in's Ohr,
Der Teufel in seinem Innern nicht eins davon verlor.
Aufsprang er und erleichtert schwoll ihm die Brust,
Und sein Auge leuchtet' vor Wonne und Lust.
Neun Monat drauf ein Weib einen Jungen gebar,
Deß Name Don Innigo von Loyola war."

Als wir uns der Stadt näherten, schwoll der
Haufe immer mehr an; alle Fenster öffneten sich und
von allen Seiten schrie und heulte es: „ein Jesuit, ein
Dieb, ein Jesuit!"

Wie mir bei diesem Hohn und Spott, bei diesem
Herensabbat zu Muthe war, läßt sich leichter denken als
mit Worten beschreiben. Wie war es nur möglich, daß
man mich, den Altkatholiken, den Jesuitenfeind für einen
verkappten Jesuiten halten konnte! Ich betrachtete mei=
nen Anzug mit ängstlichen Blicken, und verwünschte
meine Unaufmerksamkeit, daß ich mich ganz schwarz ge=
kleidet hatte. Hose, Weste, Rock, Halsbinde, Hut, alles

schwarz, rabenschwarz. Ich muß auch sehr bleich aus=
gesehen haben, da ich ja die vorhergehende Nacht wegen
des Kullmann'schen Attentates so unruhig geschlafen
hatte; Bart hat mir die Mutter Natur nur in sehr spär=
lichem Maße verliehen und so glaubte ich denn zuletzt
selbst, daß ich wohl wie ein verkappter Jesuite aussehen
möchte, zumal ich noch nie in meinem Leben einen sol=
chen gesehen hatte. Und nun noch dazu der unselige
Umstand, daß ich statt meines eigenen, einen mir offen=
bar nicht angehörenden Koffer bei mir führte, der mich
als eines schweren Diebstahles dringend verdächtig er=
scheinen ließ. Ich war halb verzweifelt und wußte nicht,
wie ich mich aus dieser Klemme befreien sollte. Scham=
röthe bedeckte meine Wangen, daß ich, ehrlicher Eltern
Kind, wie ein gemeiner Verbrecher, umgeben von einer
johlenden Menge durch einen Gensdarmen in's Gefäng=
niß geführt werde. Ich hätte in die Erde versinken
mögen. Dann verwünschte ich wieder den Attentäter
Kullmann, durch den ich schon so vieles Ueble erlitten
und der mich nun noch zu guter letzt in dieses Unge=
mach gebracht hatte. Doch aller Zorn konnte mir nichts
helfen; ich mußte mich in's Unvermeidliche fügen. End=
lich gelangte ich mit meinen Peinigern zu dem Stadt=
gefängnisse. Der Gefängnißwärter öffnete die Thüre.
Während ich eintrat oder vielmehr hineingeschoben wurde,
raffte die mich begleitende Menge noch einmal alle Kräfte
zusammen und heulte die Worte: „Jesuit, Schuft ꝛc."
in solcher Weise, daß mir Hören und Sehen verging,
und ich mit einer gewissen Genugthuung die vier nackten
Mauern und die hölzerne Pritsche der Gefängnißzelle

betrachtete, in welche ich geführt wurde und welche mir wenigstens gegen die Rohheiten der Menge Schutz bot.

Als der Gensdarm, der mich eingeliefert hatte, mit dem Gefängnißwärter die Zelle verlassen wollte, faßte ich mir Muth und bat sie, mir doch sofort ein Verhör vor dem Richter auszuwirken, damit ich meine Unschuld beweisen und mich so aus dem Gefängnisse befreien könnte. Allein die beiden Wächter für die öffentliche Sicherheit Deutschlands drehten mir, ohne mich einer Antwort zu würdigen, den Rücken, schlossen die Thüre ab und entfernten sich.

Ich war allein. In der Zelle war es nicht sehr hell; das Fenster hoch, beinahe an der Zimmerdecke und klein. Müde, zerschlagen an allen Gliedern, den Kopf voll düsterer, ärgerlicher Gedanken, setzte ich mich auf die Pritsche, um ruhig über meine Lage nachzudenken. Das erste Gefühl, das sich in mir regte, war ein gewaltiger Hunger. Ich hatte, seitdem ich des Morgens Kaffee getrunken, nichts mehr genossen. Ohne mich zu besinnen, eilte ich an die Thüre meiner Zelle und hämmerte und rief dem Gefängnißdirector in den rührendsten Ausdrücken, daß er sich meiner erbarmen und mir etwas zu essen bringen möge. Allein all' mein Rufen war umsonst. Es regte sich Niemand auf dem öden Gange, dessen einziger Bewohner ich zu sein schien. Müde von dem Rufen, hungrig und zornig dazu setzte ich mich wieder hin. Auf einmal gewahrte ich auf einer Art Mauervorsprung an der hintern Wand der Zelle einen Gegenstand, der große Aehnlichkeit mit einem Stücke Brod hatte. Mit einem lauten Freudenschrei stürzte ich darauf los; ich hatte mich nicht getäuscht; es war ein ziemlich großes Stück Gefängnißbrod, welches mein un= mittelbarer Vorgänger bei seiner Entlassung aus dem Gefängnisse wohl zurückgelassen haben mochte: Das Brod war zwar sehr hart und von rauhem Geschmack, aber zuletzt doch genießbar. Ich aß es mit solcher Gier, daß nach wenigen Minuten auch nicht ein Bröckchen mehr davon übrig war.

Nachdem ich auf diese Weise dem bringendsten Be= dürfnisse abgeholfen, setzte ich mich wieder hin, um mich meinen trüben Gedanken zu überlassen, als ich plötzlich unter meinem Fenster im Gefängnißhofe Stimmen ver= nahm. Ich schlich leise bis zur Mauer, stellte mich auf die Bank, das einzige bewegliche Möbel in der Zelle und horchte. Die Redenden schienen zwei Männer zu sein. „Das war heute ein Spaß", bemerkte der Eine, „hast du das Gaunergesicht dieses Jesuiten betrachtet; wenn ich noch nie in meinem Leben einen Jesuiten ge= sehen hätte, so hätte ich den gleich als einen solchen erkannt. So ein Spitzbubengesicht kann nur ein Jesuit haben."

„Sie können sich leicht denken, Herr Pfarrer, welch' angenehme Gefühle dies Compliment in mir hervorrufen mußte. Ich bezwang mich jedoch und horchte weiter.

„Der Jesuit war mir ziemlich gleichgültig", ent= gegnete der andere; allein der blanke Thaler, den wir für unser Heulen von Herrn Brodmann erhalten haben und der Schnaps, den er uns vorher reichen ließ, damit unser Eifer um so größer sei, das, Jakob, war etwas, was mich mehr interessirte, als der Jesuit. Hätte der mir dasselbe gegeben, so hätte ich mit demselben oder mit noch viel größerem Vergnügen den Herrn Brob= mann ausgebrüllt und ihm auch noch, wenn's verlangt worden wäre, den Hals umsonst herumgedreht. Denn ein schlechter Kerl ist dieser Brobmann trotz seines him= melvielen Geldes; und wenn es einmal bei uns geht, wie in Paris, und das bedrängte Volk losschlägt, ich gehe wahrhaftig eher gegen diese Geldprotzen, als gegen die Pfaffen, die uns im Grunde genommen doch nichts zu leid gethan haben."

„Hm!" bemerkte der erste wieder, „so unrecht hast du da gerade nicht, Quirin. Wenn ich mich so eigent= lich frage, warum ich gegen Pfaffen, Nonnen und Je= suiten räsonnire, so weiß ich selbst nicht, warum. Man redet uns den ganzen Tag von ihrer Schlechtigkeit vor, aber ich habe noch keinen bei einer schlechten Handlung ertappt. Dagegen dieser Brobmann, der hat einen in= grimmigen Haß gegen alle Jesuiten, und ich habe schon oft gedacht, was die ihm wohl eigentlich gethan haben mögen."

„Das will ich Dir sagen, Jakob, aber Du mußt mir versprechen, reinen Mund zu halten."

„Quirin, Du weißt, wir sind gute Kameraden; nur heraus damit, ich kann schweigen, wie das Grab."

„Nun ja! Aber wart' einmal; hört uns auch Nie= mand?"

Es entstand eine kleine Pause, während welcher die beiden Sprecher, die ich nicht sehen konnte, sich wahr= scheinlich umschauten, um zu erforschen, ob sie vor Lauschern sicher seien. Ich hielt mich mäuschenstill und harrte in größter Spannung der Erzählung. Den Namen des reichen Fabrikanten Brodmann hatte ich oft im „Russischen Hofe," als den eines eifrigen Altkatholiken und zugleich eines wüthenden Jesuitenfeindes nennen hören.

„Gib also acht, Jakob", begann jetzt der Quirin benannte Sprecher wieder: „Du kennst ja den alten Petermann, den Gerichtsschreiber, der jetzt nach Holland gezogen ist; und sein Töchterchen, die gute Ida."

„Das war ein Engel, Quirin, für die hätte ich mich todtschlagen lassen."

„Nun siehst Du, vor ungefähr vier Jahren, da war ich eines Mittags im Johanniswäldchen draußen, um ein wenig Holz zu sammeln. Es war um diese Jahreszeit und da es sehr warm wurde, so legte ich mich hinter einen grünen Busch und schlief ein. Ich hatte noch nicht lange gelegen, da wurde ich wieder wach und hörte in der Nähe leise Tritte. Neugierig, wer das wohl sein möge, machte ich sachte die Zweige auseinander und sehe da das gute Kind leise einhertrippeln und allerlei Kräuter abpflücken, von denen sie wahrscheinlich ihre Heilsäfte kochen wollte. Ich habe das Kind so gern gehabt, daß ich ihm ganz still zuschaute, ohne mich zu rühren. Da kommen auf einmal andere Tritte und Herr Brodmann erscheint auf dem Wege. Er ging auf Idchen zu und grüßte sie mit einem tiefen Bückling. Das Mädchen erschrak, wurde roth im Gesichte, verneigte sich ebenfalls und wollte rasch weiter gehen. Er aber vertrat ihr den Weg und sagte mit einem grinsenden Lächeln:

„Immer fromm und gut, Fräulein Ida. Für wen machen Sie sich jetzt wieder diese Mühe?"

„Für die alte Wascherliese", entgegnete Ida ängstlich und wollte an dem Brodmann vorbeischlüpfen. Allein er hinderte sie wieder und sagte:

„Warum wollen Sie denn so rasch forteilen, schönes Kind; ich habe mich so lange darnach gesehnt, ein paar Worte allein mit Ihnen zu reden."

„Bitte, Herr Brodmann, ich muß fort, mein Vater erwartet mich, er wird ein Unglück fürchten, wenn ich nicht zur bestimmten Zeit zurückkehre" —

„Nein, nein, mein Kind", grinste der Brodmann wieder, „nur einen Augenblick, ich möchte Sie und Ihren Vater glücklich machen; wenn Sie meine Bitten erhören, und mir Ihre Liebe schenken wollten, nach der ich so lange mich sehne und ohne die mir das Leben eine Last ist."

Ueber Idchens unschuldiges Gesichtchen flog eine Leichenblässe bei diesen Worten, dann wurde sie feuerroth und mit dem Ausdrucke der Entrüstung rief sie:

„Schämen Sie sich doch, Herr Brodmann, so zu reden; denken Sie, daß Sie verheirathet sind; lassen Sie mich los, ich muß fort!"

Aber der elende Mensch faßte sie beim Arm und rief:

„Fräulein Ida, erbarmen Sie sich doch meiner; wir sind ja allein. Ich weiß, die Pfaffen, welche in unsrer Gegend den Leuten die Köpfe verdrehten, haben mich und meine Absichten bei Ihnen angeschwärzt. Seien Sie vernünftig und stoßen Sie Ihr Glück nicht von sich; ich gelte viel; ein Wort von mir und Ihr Vater erhält einen glänzenden Posten und Sie sind zeitlebens versorgt. Niemand —"

Ich hatte mein Beil gefaßt, Jakob, und hielt den Athem an; hätte er sich dem Kinde einen Fuß weiter genähert, wäre ich aufgesprungen und hätte ihn wie einen Ochs zusammengeschlagen. Allein du hättest Id= chen bei den Worten dieses Menschen sehen sollen. Sie richtete sich auf einmal hoch auf; ihre Augen blitzten förmlich, und in einem Tone, den ich nie vergessen werde, rief sie ihm in die Rede fallend:

„Ja, Herr Brodmann, ich bin gewarnt, und Sie sollten sich schämen, ein so liederliches Leben zu führen, und Ihre arme Frau vor Gram unter die Erde zu bringen. Die Jesuiten, die hier gepredigt haben, haben uns nicht die Köpfe verdreht; hätten Sie Ihre Lehren befolgt, dann wären Sie nicht zum Aergerniß aller braven Leute geworden. Pfui der Schande!"

Und mit diesen Worten gab sie dem Brodmann einen Stoß, daß er beinahe zu Boden gefallen wäre und flog wie ein gescheuchtes Reh den Weg hinunter nach Hause. Jakob, ich hätte laut aufschreien mögen vor Freude, daß das gute Kind den Schuft so abgefer= tigt hatte. Kaum war sie fort, da kam der böse erste Werkführer des Brodmann, der Dunker, aus einem Busch heraus. Brodmann stand noch tobtenbleich vor Zorn da.

„Habe ich es Ihnen nicht vorausgesagt, Herr Brod= mann; bei diesem Gänschen richten Sie nichts aus. Seit die Jesuiten hier waren, geht sie gar alle acht

Tage beichten und rutscht stundenlang in der Kirche herum. Da ist Hopfen und Malz verloren; es soll mich wundern, wenn diese Duckmäuser sie nicht bald ganz aus Ihren Augen schaffen."

„Dunker", schrie der Brodmann zitternd vor Wuth, „das ist schon das Drittemal, daß mir diese Jesuitenbrut hindernd in den Weg tritt. Aber sie sollen es büßen."

Und damit ging er fluchend und tobend mit dem Werkführer heim. Und seit jener Zeit, Jakob, gibt es in der ganzen Stadt keinen größeren Jesuitenfeind, als Brodmann. Wo er nur Gelegenheit findet, da schimpft er gegen sie; und wenn man ihn hört, dann sollte man meinen, es geschehe aus lauter Eifer für Tugend und Sittlichkeit; aber nichts weniger als das; ich habe den alten Fuchs behorcht. Indessen ein Leid haben wir ja dem Jesuiten heute nicht zugefügt. Das Bischen Heulen hat ihm nicht weh gethan, uns aber einen hübschen Verdienst eingebracht. Meinst du nicht auch, Jakob?"

„Freilich meine ich auch so. Bin indeß neugierig, was mit dem Bürschchen noch geschehen wird. Wir waren noch zu seinem Empfange gerade zurecht gekommen. Möcht' nur wissen, wie der Brodmann das herausgeschnüffelt hat, daß der Jesuit abgefaßt werden solle. Jedenfalls hat er es erst spät gehört, sonst hätte er uns früher zusammengerufen."

„Wie er es herausgeschnüffelt hat? Einfältige Frage; der Polizeiinspector liegt ja doch den halben Tag in seinem Hause. Man sagt, er werbe um Brodmann's Emma. Und da er Brodmann's Vorliebe für die Je

suiten kennt, so konnte er doch keine schönere Gelegen=
heit finden, sich dem zukünftigen Schwiegerpapa gefällig
zu erweisen. Verstehst du nun, Jakob?"

„Aber, Quirin, woher hast du denn all' diese Nach=
richten? Bist merkwürdig gescheidt."

„Das hat mein Vater selig immer gesagt, Jakob,
und wenn's was zu erhorchen gab, dann hieß es immer,
„Quirin marsch, auf die Lauer", und manchen Gro=
schen habe ich mir verdient."

„Schade, daß du nicht Polizeidiener geworden bist;
du hättest die Landstreicher besser aufgelesen, als unsere
Stadtspitzel alle zusammen."

„Schau, Jakob, es wird nicht alles Talent gewür=
digt. Du hättest jedenfalls Nachtwächter zu werden
verdient; geheult hast du heute bei dem Jesuitensang
lauter als es der Nachtwächter mit seinem größten Horne
vermag."

Die Beiden, anscheinend lustige Kameraden, neckten
sich noch eine Weile in dieser Weise, was ich aber nicht
weiter beachtete. Ich ging wieder auf meine Pritsche
zurück. Dort kam mir ein ganz sonderbarer Gedanke,
während ich über das gerade vorher Gehörte nachdachte.

Der Mann, der sich Quirin nannte, hatte gewiß
keinen Grund zu lügen. Vorliebe für die Jesuiten hatte
er auch nicht gerade. Seine ganze Erzählung trug so
sehr das Gepräge der schlichten, offenen Wahrheit, daß
mir gar kein Zweifel darüber aufstieß. Der Brodmann
war also Jesuitenfeind geworden, weil sie seinen un=
reinen Absichten auf das unschuldige Töchterchen des
Gerichtsschreibers hindernd in den Weg getreten waren.

Wenn nun, dachte ich, viele von denen, welche den Je=
suiten feindlich gesinnt sind, sie gerade wegen ihrer Sitten=
strenge haßten! Doch nein, das schien mir unsinnig.
So schlecht kann doch ein großer Theil der Menschen
nicht sein, daß er Jemanden wegen seiner Sittenreinheit
haßt und ihn hintendrein noch als unsittlich vor der
Welt verklagt.

Doch fragte ich mich weiter, wie ich es selbst ge=
macht. Hatte ich mich nicht selbst, ich bekenne es offen,
Herr Pfarrer, den größten Verirrungen hingegeben, und
dennoch häufig über die sog. Immoralität der Jesuiten
wacker mitgeschimpft? Und hatten meine Bekannten im
„Russischen Hofe" nicht Reden geführt und sich Scherze
mit dem weiblichen Dienstpersonal erlaubt, die selbst
eine eiserne Stirne hätten erröthen machen können? Und
das oft dann, wenn sie am lautesten über die laxe
Moral der Jesuiten, besonders auch des Lehrbuches von
Gury gepoltert hatten? Es fiel mir wieder mein schwar=
zer Reisegefährte ein. Ich begann mir seine Bemerk=
ungen über die deutschen Zustände in's Gedächtniß zu=
rück zu rufen, und nach meinen eigenen Erlebnissen ihre
Wahrheit zu prüfen. Er hatte am Morgen über die
recht= und formlose Verurtheilung und Verbannung der
Jesuiten aus dem deutschen Reiche bittere Klage geführt;
und jetzt, wo ich selbst als verkappter Jesuit und In=
dustrieritter hinter Schloß und Riegel saß, kamen mir
seine Ausführungen bei weitem begründeter vor, als
am Morgen.

Angenommen auch, so dachte ich, unter den Jesuiten
gäbe es einige schlechte Menschen, so ist und bleibt es

doch immerhin eine Unmöglichkeit, daß sie alle ohne Ausnahme schlecht seien. Eine Gesellschaft von Bösewichten läßt sich doch nicht auf eine solche Weise leiten und regieren und kann nicht solche Werke vollbringen, wie die Jesuiten sie vollbracht haben. Ich hatte in meiner Jugend viel vom hl. Aloysius, vom hl. Stanislaus Kostka, vom heil. Franziskus Xaverius gehört; deren Heiligkeit und engelgleiche Reinheit doch auch der verbissenste Feind ihres Ordens zugestehen muß. Wäre die Gesellschaft so schlecht, wären ihre Regeln so verworfen, so wären diese Heiligen gewiß nicht in sie eingetreten und am allerwenigsten bis zu ihrem Tode ihr treu geblieben. Wenn aber nicht alle Mitglieder des Ordens, nicht einmal die Mehrzahl derselben schlecht ist und schlecht sein kann, mit welchem Rechte durfte man dann die Unschuldigen mit den Schuldigen bestrafen und alle ohne Ausnahme aus ihrem Vaterlande vertreiben? Und wie muß es, dachte ich weiter, mit unserer bürgerlichen Freiheit, mit unserer Rechtspflege stehen, wenn es jedem Gensdarm erlaubt ist, einen Reisenden, der friedlich seines Weges einhergeht, anzuhalten, zu inquiriren und denselben, weil er das Unglück hat, trotz seines wenig ascetischen Lebens ein ascetisches Aussehen zu haben, als verkappten Jesuiten in's Gefängniß zu stecken! Denn wenn auch der unglückliche Zufall mir den fremden Koffer nicht in die Hände gespielt hätte, wäre ich jedenfalls doch in's Gefängniß gekommen, da ja kein Reisender, wenn er eine kleine Tour innerhalb des deutschen Reiches macht, um Polizeichicanen zu entgehen, stets Tauf- und Heimaths-

schein bei sich führen wird. Wie muß es ferner mit
dem Rechtsschutze stehen, den ein jeder Deutscher zu
fordern berechtigt ist, wenn die Organe der öffentlichen
Sicherheit ruhig zusehen, wie ein Pöbelhaufe einen
Menschen mißhandelt, verhöhnt und verspottet? Und wie
mag es ferner einem so mißhandelten Jesuiten und
seinen Freunden zu Muthe sein, wenn er trotz seiner
Unschuld in seinem eigenen Vaterlande wie ein wildes
Thier gehetzt, und der Willkür von Gensdarmen und
Pöbelhaufen preisgegeben wird? Und ein solches Ver=
fahren kann auch nur Duldung finden? Es stiegen mir
bei diesen Reflexionen unwillkürlich allerlei Gedanken
über unsere jetzigen Zustände auf, vor welchen ich
aber fast erschrack, weil ich bis dahin ganz andere Ur=
theile über dieselben gehabt hatte. Ich erinnerte mich
der Worte meines schwarzen Gefährten: daß unsere
Nachkommen dereinstens vielleicht dem gegenwärtigen Ab=
schnitte der deutschen Geschichte den Titel geben würden:
„Deutschland in seiner tiefsten sittlichen Er=
niedrigung,“ und schüttelte mich bei dem Gedanken,
daß er am Ende doch Recht haben könnte.

„Fort, fort mit diesen Gedanken!“ rief ich unwill=
kürlich, und um sie loszuwerden, begann ich nachzuden=
ken, wie mir wohl der verwünschte Damenkoffer in die
Hände gerathen sein möge. Darüber war ich nun bald
im Reinen.

Wie ich oben erzählt habe, befand sich in dem nem=
lichen Coupé mit mir eine Frau mit einem kleinen Kinde,
die, um dem Schreien desselben ein Ende zu machen,
an einer kleinen Station in aller Eile aussteigen mußte.

Bei diesem eiligen Aussteigen hatte sie denn aller Wahr=
scheinlichkeit nach meinen Koffer mit dem ihrigen ver=
wechselt, wodurch sie jedenfalls in eine nicht minder
üble Lage gerathen sein mochte als ich. Aber wie jetzt
den Irrthum berichtigen? Ich sann vergebens nach.
Wäre ich in Freiheit gewesen, dann hätte ich vermittelst
des Telegraphen der Sache bald ein Ende gemacht.
So aber saß ich in der verwünschten Gefängnißzelle und
mußte es den Launen meines Gefängnißwärters über=
lassen, wie die Sache zur Erledigung kommen sollte.

Unterdessen war es Nacht geworden, und da kam
endlich der Schließer, um mir etwas dicke, dem Anscheine
nach wenig schmackhafte Suppe und ein Stück Schwarz=
brod zu bringen und mir anzukündigen, daß ich am
andern Morgen verhört werden solle.

„Aber", rief ich ärgerlich, „warum wurde ich nicht
gleich verhört? Warum läßt man mich einen ganzen
Tag hier in diesem Loche sitzen?"

Der Mann mit den schweren Schlüsseln brach bei
diesen Worten in ein helles Gelächter aus. „Glaubt
Er denn, daß der Herr Amtmann nur für ihn da sei?
Eben ist er erst von der Jagd heimgekehrt und hat
andere Dinge zu thun, als sich mit allerlei Landstrei=
chern abzugeben."

Damit schlug er die Thüre in's Schloß und ging
fort.

Was wollte ich machen? Das Einzige, was mir
Erleichterung verschaffen konnte, war Geduld; und so
schwer es mir ankam, ich mußte mich eben hineinfinden,
den Gefangenen zu spielen.

Ich begann also meine Suppe und mein Brod zu verzehren. Hätte mir meine alte Margareth auch nur etwas Aehnliches, wenn auch zehnmal Besseres gebracht, so wäre ich jedenfalls noch schlimmer mit ihr umgegangen, als am Morgen. Allein mein trotz der genommenen kleinen Stärkung noch immer knurrender Magen nahm, was er haben konnte, und gab sich zufrieden.

Ohne dann, wie am Abende vorher, Reden gegen Ultramontane, Pfaffen, Jesuiten und Nonnen zu halten, streckte ich mich auf der Pritsche nieder, indem ich meinen Mantel als Kopfkissen benutzte und schlief auch bald vor Müdigkeit ein.

Ich hatte einen seltsamen Traum. Mir war, als wäre es Sonntag Nachmittags und ich noch als Knabe bei meiner verstorbenen Mutter. Sie kam zu mir in einem schneeweißen Kleide; um ihre Stirne funkelte ein goldnes, mit Diamanten besetztes Diadem. Ihr Angesicht erglänzte in einer übernatürlichen Schönheit und Milde, wie ich sie noch nie gesehen, so daß ich meine Augen nicht von ihr abwenden konnte und unwillkürlich in die Worte ausbrach: „Mütterchen, wie schön bist du!"

Sie lächelte sanft, erfaßte meine Hand und sprach:

„Komm, Ferdinand, wir wollen am Grabe deines seligen Vaters beten."

Ich folgte ihr freudig. Unterwegs redete sie mir ihrer Gewohnheit nach von Gott und vom Himmel.

„Kind", so sprach sie, „höre nie in deinem Leben auf zu beten. Wir sind für den Himmel, die selige Ewigkeit geschaffen; hier auf dieser Erde haben wir nur

Kreuz und Leiden. Dort oben im Himmel ist es un=
aussprechlich schön. Dort umgeben uns die seligen
Geister und schweben mit uns zum Throne des Herrn.
Die reinste Himmelskönigin Maria und alle Heiligen,
sie jubeln uns zu in unendlicher Wonne, und preisen
uns glücklich, daß wir dies Erdenleben überwunden.
Dann schauen wir Gott in seiner Majestät und Glorie,
und stimmen ein in den seligen Lobgesang der Himmels=
chöre: „Heilig, heilig, heilig." O laß dich nie, nie in
deinem Leben dazu verleiten, Gott mit einer schweren
Sünde zu beleidigen. Bleibe rein und unschuldig und
deinem Glauben treu. Denke stets daran, daß dein
seliger Vater vom Himmel herab auf dich herniedersieht,
daß er sehnsüchtig darnach verlangt, dort oben im Him=
mel mit dir ewig glücklich zu sein." So sprach sie noch
lange fort, während wir unter den Bäumen der großen
Lindenallee einher zum Friedhofe schritten. Es war ein
wunderschöner Tag, die Luft so rein, der Himmel so
blau; die Lindenzweige neigten und beugten sich, wäh=
rend die Blättchen im Hauche des Windes leise knisternd
aneinanderschlugen. Mir war's so wohl, so unbeschreib=
lich froh um's Herz, indem ich so an Mütterchens Hand
einherschritt; ich schaute ihr zuweilen in das engelreine
verklärte Auge und dann drückte sie mir fester die Hand;
es schien mir, als ob ich in einer andern besseren Welt
mit ihr wandelte, als ob der Himmel mit seinen Seli=
gen, mit seiner unaussprechlichen Herrlichkeit mir offen
stünde. So gelangten wir an meines Vaters Grab.
Mütterchen sank betend am Kreuze nieder. Aber als
ich ebenfalls niederkniete und beten wollte, da richtete

sie sich auf, schaute mich mit einem langen, wehmüthig
ernsten Blicke an und war im Nu meinen Augen ent=
schwunden. Ich begann vor Trauer und Schmerz zu
weinen. Da öffnete sich plötzlich das Grab; ich fuhr
erschreckt zusammen; eine große, ernste Gestalt im Tod=
tenkleide erhob sich vor meinen Augen; es war mein
verstorbener Vater. Finster schaute er mich an, hob
drohend den Finger und sprach: „Ferdinand, Ferdinand!
Warum hast du nicht gehalten, was du versprochen?
Siehe, das Maß des göttlichen Zornes ist schon voll;
du hast schwer, schwer gefehlt; kehre um, so lange es
noch Zeit ist."

Diese Worte meines Vaters zerrissen mir das Herz.
Ich sah mich auf einmal mit einer Menge Sünden
beladen, und erkannte mit einem Blick mein ganzes,
schuldbeflecktes Leben. Laut weinend stürzte ich vor ihn
hin, um seine Kniee zu umfassen, und rief flehentlich:

„Vater! vergib, verzeihe mir."

Er aber wies mich strenge von sich mit den Worten:

„Berühre mich nicht, mein Sohn, erst bessere dich."

Ich meinte, das Herz müßte mir springen, und
streckte weinend die Arme nach ihm aus.

„Vater, Vater!" flehte ich schluchzend, „willst du
mich denn verstoßen? Ich gelobe es ja, ich will ja
gern mich bessern und deines Namens würdig sein."

Da zerfloß das Traumbild — ich erwachte.

Verwundert schaute ich um mich, ohne mich in den
ersten Augenblicken zurecht finden zu können. Erst nach

und nach erinnerte ich mich des am Tage vorher Vor=
gefallenen, als ich die kahlen Wände des Gefängnisses
sah. Da sprang ich auf und — kniete fast unwillkür=
lich zum ersten Male nach langen, langen Jahren zum
Gebete nieder, wie einstens in der seligen Kinderzeit vor
meinem Bettchen, wenn die Mutter mich angekleidet hatte.
Der Vorsatz, mit welchem ich erwacht war: „Ich will
mich ja bessern und deines Namens würdig sein", die
ernsten Worte, die mein Vater im Traume zu mir ge=
sprochen: „Du hast schwer, schwer gefehlt, kehre um,
so lange es noch Zeit ist;" klangen mir unaufhörlich
durch die Seele. Mir wurde immer weicher und wei=
cher um's Herz; ich betete die Gebetchen, die mich meine
selige Mutter gelehrt, als ich kaum noch die ersten
Worte lallen konnte; und während ich so betete, rannen
mir heiße Thränen ohne Unterlaß über die Wangen.
Es waren Thränen tiefster Reue über mein vergangenes,
gottvergessenes Leben. Eines war mir bei allem diesem
klar; zwischen meiner sündigen Vergangenheit und mei=
ner neuen Seelenstimmung lag eine unabsehbare Kluft;
ich war ein anderer Mensch geworden.

Wie lange ich so im Gebete kniete, weiß ich nicht;
ich wurde erst durch den Gefängnißwärter gestört, der
in meine Zelle trat und mich ihm zum Verhöre folgen
hieß. Ich erhob mich, ohne ein Wort zu sagen und
ging mit ihm, ganz in meine Gedanken versunken, die
Treppe hinunter in das Verhörzimmer. Dort fand ich
einen Schreiber, der mich mit frechen Blicken musterte,
und den Amtmann, der mir, ohne mich eines Blickes

zu würdigen, einen Stuhl hinstellen und mich nieder=
sitzen hieß. Ich gehorchte fast mechanisch und war
noch immer so sehr in meine Gedanken vertieft, daß
ich kaum auf die Vorfragen achtete. Erst als der Amt=
mann auf den im Verhörzimmer stehenden Koffer hin=
wies, und mich zu examiniren begann, wie ich in seinen
Besitz gekommen sei, wurde ich wieder aufmerksamer.
Ich verwahrte mich empfindlich gegen den Verdacht,
als hätte ich denselben gestohlen und erzählte mein
Zusammentreffen mit jener Frauensperson, die Eile,
mit welcher sie des schreienden Kindes willen den Zug
verlassen habe, und bat um die Erlaubniß nach M.
telegraphiren zu dürfen und von dort aus meine Legiti=
mationspapiere kommen zu lassen. Der Amtmann hörte
mir finster zu, erklärte sich aber zuletzt mit meinem Vor=
haben einverstanden. Gerade als ich im Begriff war,
das Telegramm aufzusetzen, brachte ein Bote vom Bahn=
hofe dem Amtmanne einen Brief des Stationsvorstehers.
Der Beamte hatte kaum einige Zeilen gelesen, als er
mir zurief, ich solle aufhören zu schreiben; so eben zeige
ihm der Stationsvorsteher an, daß mein Koffer auf
der Station angelangt sei und die Eigenthümerin des
in meinem Besitze befindlichen Koffers mich dringend
um Rücksendung desselben nach B. ersuche, weil sie sich
durch diese Verwechselung in die größte Verlegenheit
gebracht habe.

Ich nahm diese Mittheilung mit vornehmer Genug=
thuung auf, ergriff meinen Hut und wollte mich mit
einer stummen Verbeugung entfernen. Allein der Be=
amte vertrat mir den Weg und sagte:

„Sie werden entschuldigen, wenn ich auf Ihrem
Verweilen dahier noch bestehe; Ihr Verhör ist durchaus
noch nicht zu Ende. Wir sind von M. aus telegraphisch angewiesen, Sie zu verhaften. Sie sind dringend
verdächtig, ein verkleideter Jesuite zu sein, dem wir
schon lange nachspüren. Für Ihre Personalangaben
haben Sie noch nicht den mindesten Beleg beigebracht.
So lange Sie dieselben nicht beweisen, darf ich Sie
nicht aus der Haft entlassen." „So werde ich also doch
nach M. telegraphiren müssen, Herr Amtmann;" erwiederte ich etwas gereizt. Zuvor möchte ich jedoch bitten,
mir meinen Koffer hierher besorgen zu lassen. Ich hoffe
in ihm so viel finden zu können, um meine Nichtzuge-
hörigkeit zum Jesuitenorden zur Evidenz nachzuweisen."
„Ihr Koffer wird sogleich hier eintreffen," erwiederte
der Amtmann. „Nach dem, was mir der Stationsvorsteher hier schreibt, muß er schon unterwegs sein."
In der That wurde auch wenige Minuten später ein
Gepäckträger gemeldet, der mir mein Eigenthum ganz
und unversehrt wieder zustellte.

Das Frauenzimmer, welches die Verwechselung begangen, hatte den Irrthum bald bemerkt und ohne nach
dem Inhalt des ihr nicht zugehörigen Koffers zu forschen, an allen Stationen, welche der Zug, in welchem
wir gefahren waren, passirt hatte, telegraphisch nach
dem Verbleib ihres eigenen Koffers nachfragen lassen.
Der Stationsvorsteher, welcher bei meiner Verhaftung
zugegen gewesen war, hatte, als das Telegramm in
seine Hände gelangte, sofort den wahren Sachverhalt

errathen und die Freundlichkeit gehabt, die Frau mittelst Telegramm um Uebersendung des mir gehörigen Koffers zu ersuchen; was dieselbe, um aus ihrer Verlegenheit befreit und wieder in Besitz ihres eigenen Koffers gesetzt zu werden, auch sofort gethan hatte.

Ich öffnete also rasch und fand mehr, als ich gehofft hatte; meine Brieftasche mit mehren Briefen an mich, mein Kartenetui, mehrere Taschentücher, in welchen mein ganzer Name eingestickt war und was allen Zweifel an meinen Angaben über meine persönlichen Verhältnisse und meine Freiheit von dem Verbrechen ein Jesuit zu sein beseitigte, in einer Rocktasche mehrere Einladungszettel zum altkatholischen Gottesdienste hier, auf welchen meine Adresse gedruckt war.

Beim Anblicke dieser Zettel veränderte der Amtmann ein wenig die Farbe, wurde auf einmal ganz außerordentlich höflich und rief:

„Bitte tausendmal um Entschuldigung, verehrtester Herr Wallenberg, daß wir den beklagenswerthen Irrthum begangen und Sie für ein Mitglied des Jesuitenordens gehalten haben. Sie sind vollständig frei; nehmen Sie Ihre Papiere gefälligst zu sich. Kann ich Ihnen mit etwas dienen; dürfte ich Sie um die Ehre bitten, heute mein Gast zu sein? Sie sind altkatholisch; welch' ein Irrthum, Sie für einen Jesuiten zu halten. Bitte nochmals dringend die Ungeschicklichkeit des Gensdarmen zu vergessen und mein Gast zu sein." —

Die plötzliche Freundlichkeit des Mannes, der mich vorher so abstoßend behandelt hatte, erfüllte mich mit

Eckel: „Zu viel Ehre, Herr Amtmann," unterbrach ich seinen Redeſtrom; „ich werde mich ſofort entfernen. Jedoch kann ich die Bemerkung nicht unterdrücken, daß ich eine Behandlung, wie ſie mir geſtern zu Theil geworden, die den einfachſten Vorſchriften der Gerechtigkeit und Billigkeit geradezu Hohn ſpricht, bisher im deutſchen Reiche nicht für möglich gehalten hatte."

„Ich muß es leider zugeben, daß Ihnen eine wenig rückſichtsvolle Behandlung zu Theil geworden; aber wir waren alle durch die Umtriebe dieſes Jeſuiten ſo erbittert" —

„Daß Sie es dem Gutdünken des Gensdarmen überließen, jeden ehrlichen Reiſenden zu verhaften, der ihm ein Jeſuit zu ſein ſchiene. In der That, ich begreife nicht, wie eine ſolche Polizeiwillkür geduldet werden kann."

„Bitte, verehrteſter Herr," begann der Amtmann wieder ziemlich kleinlaut, „wir erhielten telegraphiſche Weiſung von M., daß mit dem Vieruhrzuge ein ſchwarzgekleideter Herr hier eintreffen werde, der dringend verdächtig ſei, identiſch mit dem von uns ſchon ſo lange vergebens geſuchten Jeſuiten zu ſein, der ſeit einiger Zeit ſich in der hieſigen Gegend umhertreibt. Es war noch beigefügt, daß man denſelben ſchon in M. hätte verhaften wollen, was aber nur durch ein Verſehen des daſelbſt den Bahnzug viſitirenden Gensdarmen unterblieben ſei. Sie waren der einzige Reiſende, der geſtern hier ausſtieg, Sie trugen auch die ſignaliſirte ſchwarze Kleidung, und ſo glaubten wir unſrer Sache

Dr. Romhold, Altkatholiken.   7

sicher zu sein. Die Verwechselung der Koffer machte
dann den leidigen Zwischenfall für Sie noch unange=
nehmer."

Jetzt wurde mir Alles klar. Wie ich schon bemerkt
habe, hatte ein Gensdarm bei meiner Abfahrt von hier
den Zug visitirt, und meinen Freund Decan Rentlitz
mißtrauisch gemustert. Doch schien er seiner Sache nicht
ganz sicher zu sein, daß Rentlitz der verfolgte Jesuite
sei, und begnügte sich damit, sich das Ziel seiner Reise
zu merken, um seine vorgesetzte Behörde in den Stand
zu setzen, den Verdächtigen weiter zu verfolgen. Die
hiesige Polizeibehörde hatte dann wahrscheinlich aus dem
Rapport des Gensdarmen entnehmen zu sollen geglaubt,
daß Rentlitz in der That der gesuchte Jesuitenpater sei
und die Polizei zu K. beauftragt, denselben beim Aus=
steigen sogleich zu verhaften. Da nun Rentlitz während
der Fahrt seinen Plan in K. auszusteigen, geändert
und sich entschlossen hatte, weiter zu fahren, so blieb
ich der einzige, auf den jener telegraphisch ergangene
Verhaftungsbefehl Bezug zu haben schien, zumal mein
Aeußeres den vorhandenen Verdacht noch verstärken
mußte. Da aber dies Alles das unerhörte Vorgehen
gegen mich nicht zu rechtfertigen vermochte, so wollte
ich doch nicht unterlassen meiner Entrüstung darüber,
dem vor meiner Eigenschaft als Altkatholiken respect=
voll gewordenen Beamten vollen Ausdruck zu geben.

„Aber, Herr Amtmann," entgegnete ich also ernst,
„wenn ich auch wirklich ein Jesuit wäre, so dürfte ich
denn doch gewiß nicht der Willkür eines Pöbelhau=

fens preisgegeben werden. Wo bleibt denn Recht und
Gerechtigkeit, worauf wir in Deutschland so stolz waren,
wenn solche Mißhandlungen eines Wehrlosen unter
den Augen der öffentlichen Sicherheitsorgane stattfinden
dürfen."

Der Amtmann zuckte die Achseln und schwieg. Ich
sah ein, daß bei einem Manne seines Schlages jedes
weitere Wort unnütz sein würde. Ich hatte es mit
einem jener Menschen zu thun, die mein Freund Rentlitz mir Tags vorher in so lebhafter, und wie ich jetzt
aus eigener Erfahrung wahrgenommen hatte, auch so
wahrer Weise geschildert hatte. Ich verabschiedete mich
daher mit einer kühlen Verbeugung und begab mich in
ein Gasthaus. Zwar begegnete ich auf der Straße
hier und da neugierigen und zudringlichen Blicken, hier
und da wurde mir auch das Wort Jesuit nachgerufen;
allein weitere Belästigungen erfuhr ich nicht. Im Gast-
hofe angelangt, frühstückte ich ein wenig und machte
dann, nachdem ich mich umgekleidet, einen Spaziergang
in die freie Natur. Der Weg führte mich an der Ka-
serne der Stadt vorbei, vor welcher gerade Exerzier-
übungen stattfanden. Der Anblick der Mißhandlungen,
die einigen minder gelenkigen Rekruten von Seiten eines
der Unteroffiziere widerfuhren, empörte mich im Innern-
sten meiner Seele. Die rohe Grausamkeit des Unmen-
schen überstieg alle Begriffe. Bei dem geringsten Fehler, den die Leute begingen, trat er sie auf die Füße
oder wider das Schienbein, stieß sie mit der Faust vor
den Leib und gegen die Brust, zog sie an den Ohren
und bediente sich dabei so gemeiner und roher Schimpf-

7*

wörter, daß ich mich mit Entrüstung und Eckel ab=
wandte. Wieder fiel mir mein Gefährte von gestern
ein; wäre er bei mir gewesen, so hätte ich ihn um
Verzeihung gebeten für die Ungläubigkeit, mit welcher
ich seine Aeußerungen aufgenommen hatte. Ganz em=
pört verließ ich den Exerzierplatz und eilte in meinen
Gasthof zurück.

„Das also ist die Freiheit, die wir haben, dachte
ich bei mir, das die Herrlichkeit des deutschen Reiches.
Wahrlich ich lebte in einer gewaltigen Blindheit und
Täuschung. Aber jetzt, wo ich einmal angefangen, der
Wahrheit näher zn kommen, jetzt will ich sie auch ganz
erforschen. Ich will einmal katholisches Leben und ka=
tholisches Wesen gründlich kennen lernen.

Ich erinnerte mich der Einladung meines Reisege=
fährten und beschloß ohne viele Umstände am andern
Tage davon Gebrauch zu machen. Nach dem Mittag=
essen begab ich mich zum Spaziergang in den benach=
barten Wald, da es mich ordentlich drängte, einmal
fern von allen Menschen in Gottes freier Natur allein
zu sein. Die Erlebnisse der letzten Tage gingen mir
wirr und wüste durch den Kopf. Ich hatte mit mei=
ner Vergangenheit gebrochen, ich wollte ein anderer
Mensch werden; allein das „wie“ lag noch immer wie
ein dunkles Räthsel vor mir. Bald erfaßte mich ein
glühender Eifer gut und fromm zu sein; dann aber
kamen mir wieder tausende von Schwierigkeiten vor die
Seele, die mich beängstigten und mir eine Rückkehr zum
Besseren fast als unmöglich erscheinen ließen.

Es fällt dem Menschen, wenn er einmal längere
Zeit von der Bahn des Guten abgewichen ist, so un=
endlich schwer, sich selbst zu gestehen, daß er vollständig
geirrt hat; daß all' seine Pläne, sein Arbeiten in der
Vergangenheit eitel und nichtig gewesen; es scheint uns
fast schlimmer als der Tod, die besten Jahre unsres
Lebens als einen Trümmerhaufen zu behandeln, dessen
Anblick uns nur zur Buße antreiben soll. Und doch
war ich in dieser Lage. Mein vergangenes Leben war
ein Leben ohne Gott, ohne Gebet, ohne Tugend gewe=
sen. Ich hatte jahrelang keine katholische Kirche mehr
besucht, jahrelang alle meine Pflichten gegen Gott in
schändlichster Weise vernachlässigt; mein einziges Stre=
ben und Trachten war darauf gerichtet gewesen, wie
ich mir Vergnügen und Zerstreuungen bereiten könnte,
ein Streben, welchem ich mich wegen des von meinen
Eltern ererbten großen Vermögens ohne jede Beschränk=
ung hingeben konnte und auch hingegeben hatte. Jetzt,
wo ich auf einmal in so ernster Weise aus meinem bis=
herigen Treiben aufgerüttelt war, wo die frommen Leh=
ren meiner Mutter, die Erinnerungen aus meiner Kind=
heit in mir sich regten, und mein vergangenes Leben
verurtheilten, jetzt fing ich an, mein ganzes Elend zu
begreifen und der Gedanke an die vielen Sünden, die
ich begangen, machte mich sogar im einsamen Walde
vor mir selbst erröthen. Ich kann Ihnen, Herr Pfar=
rer, die Gefühle nicht beschreiben, die sich wechselnd mir
aufdrängten. Was sollte ich beginnen? Ich hörte schon
im Geiste die Spöttereien, mit welchen meine Bekann=
ten mich bei der Nachricht von meiner Sinnesänderung

überschütten würden, ich dachte an die Gewohnheiten, denen ich nunmehr entsagen müßte; und dann meinte ich von allen Seiten den Ruf zu hören: Laß ab von deinem Beginnen, es ist zu schwer für dich, du wirst doch wieder in deine alten Fehler zurückfallen und dann wird der Spott, der dich trifft, noch größer sein." Unter solchen quälenden Gedanken wanderte ich in dem prächtigen Walde umher ohne die Ruhe, die ich suchte, finden zu können. Es dämmerte schon, als ich endlich ermüdet in meinen Gasthof zurückkehrte, um mich nach innigem Nachtgebete zur Ruhe zu begeben.

Viertes Kapitel.

Katholisches Leben.

Als ich am andern Morgen neugestärkt erwachte, verrichtete ich, wie in meiner Kindheit, mein Morgen= gebet und begab mich bald zum Bahnhofe, um nach= her mein Vorhaben, den schwarzen Reisegefährten zu besuchen, auszuführen. An der dem Städtchen Weilerau, in welchem mein Freund wohnte, zunächst belegenen Sta= tion stieg ich aus, miethete mir einen Dienstmann, der meinen Koffer tragen sollte, und machte mich dann zu Fuß auf den Weg. Die Gegend, in welcher ich mich jetzt be= fand, ist fast nur von Katholiken bewohnt. Zu beiden Seiten der Straße waren von Strecke zu Strecke höl= zerne und steinerne Kruzifixe aufgestellt, vor welchen mein Gepäckträger jedesmal ehrerbietig die Mütze ab= nahm und sich bekreuzte. Das schlichte Benehmen des Mannes gefiel mir außerordentlich und that mir nach den Auftritten der vergangenen Tage wahrhaft wohl.

„Was bedeuten denn diese zahlreichen Kreuze hier am Wege?“ fragte ich ihn, mehr um ein Gespräch ein= zuleiten, als um eine wirkliche Aufklärung zu erhalten.

Der Mann schaute mich etwas von der Seite an und fragte dann:

„Seid Ihr auch katholisch?"

„Gewiß, lieber Mann;" gab ich ihm lächelnd zur Antwort; „aber warum fragt Ihr mich darnach?"

„Wenn Ihr protestantisch wäret," erwiederte er, „dann würdet Ihr meine Erklärung schwerlich verstehen."

„So?" entgegnete ich, „warum denn das?"

„Die Protestanten, die glauben nicht an Christus; die gehen immer an diesen Kreuzen vorüber, und nehmen nicht einmal den Hut ab; was sie gewiß nicht thun würden, wenn sie an Jesus Christus als den Sohn Gottes glaubten."

Ich fühlte den in diesen Worten für mich liegenden Vorwurf, da ich bis dahin ebenfalls das Zeichen unserer Erlösung nicht gegrüßt hatte und beschloß beim nächsten Kruzifixe meinen Hut abzunehmen.

„Euch aber will ich die Sache erklären," fuhr der Mann fort. „Uns Katholiken lehrt man schon von Jugend an, daß wir stets in Gottes Gegenwart leben sollen, damit wir keine Sünde begehen. Und weil man sich besser an Gottes Gegenwart erinnert, wenn man zuweilen so einen Herrgott am Wege sieht; deßhalb hat man diese Kruzifixe dahin gestellt."

„Nun, das gefällt mir recht gut," entgegnete ich ihm, „aber wer hat denn diese Kreuze alle machen lassen?"

„Ja, das wissen wir selbst nicht; die habe ich schon als Kind gesehen, und mein Vater hat mir gesagt, daß er sie in seinen Kinderjahren ebenfalls schon gesehen habe. Da vorn das große Kreuz aber, mit dem goldenen Herrgott, das hat unser verstorbener Herr Decan, Gott hab' ihn selig, dahin setzen lassen."

Dabei deutete der Mann auf ein in einiger Entfernung sich erhebendes marmornes Kruzifix mit vergoldetem Christuskörper.

„Ihr scheint Euren verstorbenen Herrn Decan sehr lieb gehabt zu haben;" bemerkte ich, da der Mann bei der Nennung seines Namens mir ordentlich gerührt zu werden schien.

„O Herr, das war ein Mann; wenn Ihr den gesehen hättet; der war der Schutzengel für die ganze Gegend; kein Armer kam, dem er nicht etwas gegeben hätte; kein Kranker, den er nicht besucht und getröstet hätte. Er kannte alle Leute und Kinder in dem ganzen Bezirke, wir hatten ihn alle lieb, als wenn's unser eigner Vater wäre. Als er starb, das war ein Weinen nicht nur in der Gemeinde, sondern in der ganzen Gegend, wie es seit Menschengedenken nicht war. Mann für Mann gingen wir an das Todtenbett und haben ihm noch zum letzten Male die Hand geküßt, in allen Familien der Stadt wurde für ihn gebetet Tag für Tag, und als er begraben wurde; seht, Herr, die Chaussée hier an; wenn Ihr sie, so lang als Ihr sie hier sehet, zweimal nehmt und voll Menschen stellt, dann habt Ihr doch noch nicht alle, die mitgegangen sind."

Wir waren unterdessen zu dem besprochenen Kreuze gekommen. Der Gepäckträger blieb stehen, schaute mich bittenb an und sagte treuherzig: „Herr, so oft ich an dem Kreuze vorbeigehe, bete ich drei Vaterunser für unsern guten Herrn Decan. Habt Geduld und laßt mich sie auch jetzt beten."

„Knieet nur ruhig nieder, lieber Mann;" entgegnete ich gerührt, „wenn ich auch Euren guten Herrn Decan nicht gekannt habe, so habe ich ihn doch aus Eurer Schilderung so lieb gewonnen, daß ich mit Euch für ihn beten will."

Damit knieten wir beide nieder und beteten. Ich war tief ergriffen; der Mann mit seiner schlichten, einfachen Liebe zu seinem Seelsorger, die Dankbarkeit, die er ihm noch bis über's Grab bewahrte, gefielen mir außerordentlich wohl. Wenn ich nur auch Jemand finden könnte, dachte ich, dem ich mein ganzes inneres Leiden, meine Unzufriedenheit und Verwirrung mittheilen könnte. Ich hätte in dem traurigen, geängstigten Zustande, in welchem ich mich befand, so sehr eines theilnehmenden, verständigen Freundes bedurft, der mir Rathgeber und Führer geworden wäre.

„Wie ist denn Euer jetziger Herr Pfarrer?" fragte ich den Dienstmann, als wir uns nach verrichtetem Gebete wieder auf den Weg gemacht hatten.

„Herr, der ist ebenso gut, wie unser alter Herr Decan. Alle Leute haben ihn lieb und er hat sie auch alle lieb, und ich habe ihn auch recht gern. O, wenn Ihr einmal ihn predigen hörtet; da meint man jeden Augenblick, er wolle herunterkommen, so geräth er in Eifer; und dabei merkt man doch aus jedem Wort, wie lieb er uns hat. Neulich hatte ich einem Herrn den

Koffer getragen wie Euch, und hatte das Geld in mei=
nen Hosensack gesteckt, der ein Loch hatte; jetzt habe ich
es aber geflickt. Und da habe ich das Geld verloren.
Während ich nun ganz traurig umherging, ohne es wie=
der finden zu können, kam er des Wegs daher, merkte
gleich, daß etwas nicht recht just bei mir war und rief:
„Nun Johann, was fehlt dir denn? du machst ja ein
Gesicht, wie sieben Tage Regenwetter." „Ach, Herr
Hochwürden," gab ich traurig zur Antwort, „ich hab
meinen ganzen Verdienst von heute verloren." „Ei,"
sprach er, „das hättest du auch nicht thun sollen, Jo=
hann." „Herr," rief ich, „gern ist's gewiß nicht ge=
schehen." Da lachte der Herr Pfarrer aus vollem Halse.
„Das weiß ich wohl, Johann; ich meinte, du hättest
besser Acht geben sollen; wie viel war's denn?" „Zwölf
Groschen Herr Pfarrer; ganze zwölf Groschen."

„Na," rief er, „wenn's nicht mehr ist, Johann, hier
hast du sie wieder." Und damit zog er seinen Beutel
hervor, gab mir zwölf Groschen, sagte „Adieu Johann,"
und ging weiter. Ich wollte ihm nachlaufen und ihm
danken, aber er rief, „bleib' nur, bleib' nur, s'ist schon
gut." Und so macht er's überall; den letzten Heller
gibt er für uns her. Aber seht einmal dorthin Herr,
dort sind schon die Kirchthürme, jetzt sind wir bald an
Ort und Stelle. Wenn wir über diesen Hügel gegan=
gen sind, dann stehen wir vor dem Orte."

Die Straße führte jetzt einen kleinen Hügel hinan,
hinter welchem ich die Spitzen zweier Kirchthürme er=
blickte.

„Eure Kirche scheint groß zu sein."

„Ja, Herr, sie ist sehr groß, und doch noch zu klein für die vielen Leute. Wir haben einen starken Kirchgang.

„Kirchgang?" fragte ich, „was versteht Ihr darunter, Johann?"

„Was ich darunter verstehe?" entgegnete Johann, „ein starker Kirchgang ist, wenn viele Leute in die Kirche gehen. Unsere Leute sind gut. Seht, neulich ist ein Spaß passirt. Kam so ein protestantischer Regierungsherr in's Ort und legte sich am Sonntag Morgen, statt in die Kirche zu gehen und zu beten, aus Fenster und rauchte eine lange Pfeife, so wie's die großen Herrn thun. Als nun die Leute aus dem Amt kamen und die große Straße voll wurde, und immer mehr Menschen kamen und der Zug kein Ende nahm, da wurde ihm ganz bang; er lief herunter zum Schwanenwirth, und rief ganz außer Athem. „Herr Schwanenwirth!" „Was befehlen der Herr," sagte der Schwanenwirth, der gerade mit seinem Buche aus der Kirche kam. Ich bin Geschwisterenkel mit dem Schwanenwirth; wenn Sie bei ihm Einkehr nehmen, wird's Ihnen gefallen. „Was ist los, was bedeutet denn der Auflauf da? Es sind doch keine Unruhen ausgebrochen? Wie viele Gensdarmen sind im Orte?"

Der Schwanenwirth schaute den Herrn verwundert an.

„Was, wo ist denn ein Auflauf Herr?"

„Drehen Sie sich doch um," rief der Regierungsherr, „die ganze Straße ist ja voll Menschen. Mein Gott, nimmt das denn gar kein Ende."

Jetzt begriff der Schwanenwirth erst, was der Herr meinte, und rief lachend: „Aber Herr, die Leute kommen aus der Kirche?"

„Aus der Kirche? So? Ist denn heute was besonderes in der Kirche? Wenn man bei uns in Berlin alle Leute, die im Laufe des Jahres in unserer Kirche waren, zusammennimmt, so gibt's nicht halb so viel."

„Du lieber Gott," rief da der Schwannenwirth, „das ist bei uns jeden Sonntag so. Wir sind ja katholisch."

Da kratzte sich der Herr hinter den Ohren und ging fort.

Mein Begleiter fing bei diesen Worten an herzlich zu lachen und ich mußte unwillkürlich mitlachen.

Unter solchen Gesprächen waren wir an die ersten Häuser des Städtchens gelangt. Johann schaute mich fragend an. „Ich kehre beim Herrn Pfarrer ein," sagte ich; „er hat mich eingeladen und würde mir es mit Recht übel nehmen, wenn ich anderswo hinginge."

„Da freue ich mich sehr, daß wir zum Herrn Pfarrer kommen," entgegnete Johann. „Es geht mir immer das Herz auf, wenn ich ihn sehe."

Wir kamen jetzt in das Städtchen. Die Straßen waren schön und reinlich gehalten, und die Leute grüßten mich mit großer Freundlichkeit.

Das Pfarrhaus, ein schönes Gebäude, lag mitten in einem Garten, der Kirche gegenüber. Auf der Hausflur kam uns eine ältliche sehr gutmüthig dreinschauende Person entgegen und fragte, was ich wünsche.

„Ist der Herr Decan zu Hause?" fragte ich.

„Ja, Herr", entgegnete die Alte, „wenn Sie sich bemühen wollen, im ersten Stocke, die erste Thüre rechts.

Ich dankte, ließ Johann meinen Koffer abstellen und gab ihm ein Zehnmarkstück. Er verabschiedete sich mit einem freundlichen Gruße, kam aber, nachdem er kaum ein paar Schritte gemacht hatte, rasch wieder zurück, hielt mir das Goldstück entgegen und rief:

„Entschuldigt Herr, das ist zu viel; Ihr habt Euch gewiß vergriffen."

„Nein, nein, Johann", entgegnete ich, „behaltet nur das Goldstück, es ist Euer wohlverdienter Lohn."

Da faßte er meine Hand, küßte sie und entfernte sich mit einem nochmaligen herzlichen Danke. Ich stieg die Treppe hinauf und klopfte an.

Die mir wohlbekannte Stimme meines Reisegefähr= ten rief „herein". Beim Eintreten fand ich den Decan den Kopf in die Hand gestützt vor seinem Schreibtische sitzen. Als er mich sah, erhob er sich rasch, eilte mir entgegen und rief: „Tausendmal willkommen in Wei= lerau. Das ging ja rasch. Nun legen Sie ab und machen Sie sich's bequem, als wenn Sie in Ihrem eigenen Hause wären."

Dann läutete er. Als die alte Haushälterin kam, trug er ihr auf, das Fremdenzimmer in Stand zu setzen, meinen Koffer hineintragen zu lassen und Wein zu bringen. Bald saßen wir in vertraulicher Unterhaltung zusammen. Ich erzählte ihm, was mir seit dem Abschiede von ihm begegnet war; er hörte mir mit gespannter Aufmerksamkeit zu.

Als ich geendet hatte, sagte er lächelnd: „Nun, da haben Sie ja einen wahren Roman erlebt. Zugleich aber", fuhr er ernster werdend fort, „haben Sie an sich selbst erfahren, wohin wir im Reiche und namentlich in Preußen gekommen sind. Die Mißhandlungen, die Ihnen widerfuhren, galten eben dem vermeintlichen Jesuiten. Ist es nicht grausam, daß man freie Deutsche so in ihren wichtigsten Rechten verkürzt? Sind das nicht gewaltsame Zustände? Jetzt werden Sie wohl eher meinen vorgestrigen Ausführungen Glauben schenken."

„Ja gewiß," rief ich, „ich habe Ihnen schon oft für das Mißtrauen, mit welchem ich Ihre Worte aufnahm im Geiste Abbitte gethan. So hatte ich mir die Zustände nicht gedacht."

„Und doch ist das nur ein verschwindend kleiner Theil von dem, was wirklich in Deutschland seit dem Jahre 1870 schon geschehen ist und aller menschlichen Voraussicht nach noch geschehen wird. Ich bin in Gemeinden gewesen, die schon monatelang keinen Gottesdienst mehr haben. Ich habe das große Elend gesehen, in welchem so viele Familien schmachten, die der immer noch wachsenden Steuerlast erliegen, während sie noch an den Wunden kranken, die der letzte Krieg ihnen geschlagen hat. Ich denke mit Schrecken an die entsetzliche Verwilderung, die eintreten muß, wenn einmal der größte Theil der Priester vertrieben sein wird. Und bei all' dem ist noch immer kein Ende der Verfolgung abzusehen."

„Glauben Sie mir, Herr Decan, auch ich habe in diesen zwei Tagen oft über die jetzigen Verhältnisse nach=

gedacht. Und wenn sie auch an sich noch so traurig und trostlos sein mögen, für mich sind sie hoffentlich eine Quelle reichsten Segens geworden. Mir haben sie die Augen geöffnet und den Anstoß gegeben, mit meiner ganzen Vergangenheit zu brechen. Ich habe den festen Entschluß gefaßt, wieder gut katholisch zu werden und fromm und rein zu leben, wie ich es in meiner Kindheit gethan."

„Da ist es Ihnen ergangen, wie so vielen anderen unserer katholischen Mitbürger," entgegnete der Decan; „wir waren in Deutschland und namentlich in Preußen durch die scheinbare Begünstigung Seitens der Staats= regierung in eine Art Betäubung gerathen, die für un= ser kirchliches Leben von den schlimmsten Folgen sein mußte. Die hereingebrochene Verfolgung hat vielen die Augen geöffnet und Unzählige, in deren Herzen der Glaube fast erstorben war, wieder zu Gott und seiner heiligen Kirche zurückgeführt. Und das, lieber Freund, ist der Gewinn und zwar der große Gewinn, den wir aus den gegenwärtigen Trübsalen ziehen; ohne ihn wür= den die großen, mehr äußerlichen Kundgebungen katho= lischer Glaubenstreue, deren wir seit einem Jahre so viele erlebt haben, wenig Werth besitzen. Denn sie können wohl eine augenblickliche Begeisterung erzeugen, vermögen es aber nicht, den Christen zum muthigen Ausharren unter Leiden und Verfolgungen zu stärken; dies vermag nur die Gnade Gottes, die aber in einem sündenbefleckten Herzen nicht wohnt und nicht wohnen kann. Indessen, lieber Freund, lassen wir diese Betracht= ungen für jetzt; hoffentlich werden wir uns noch ein=

gehender über dieses Thema unterhalten können. Wenn es Ihnen nicht unangenehm ist, so führe ich Sie heute Nachmittag in unsere Schwesternschule; wie feiern dort ein kleines Fest; es ist der Jahrestag der Stiftung der Anstalt.

„Mit größtem Vergnügen nehme ich Ihre Einladung an, verehrtester Freund;" antwortete ich, „ich freue mich sehr, die Wirksamkeit katholischer Ordensschwestern kennen zu lernen. Um wie viel Uhr wird die Feier beginnen?"

„Sie ist auf vier Uhr angesagt. Mit Ausnahme einiger Wohlthäter der Schule, werden nur die Schwestern und die Kinder anwesend sein. Ich halte es nemlich nicht für gut, solche theatralische Vorstellungen, wenn sie in sich auch noch so harmloser Natur sind, von den Kindern vor vielen Zuschauern aufführen zu lassen; die Eitelkeit regt sich in solch' jungen Mädchen ohnedieß schon frühe, so daß die Schwestern nicht genug wachen können: der Beifall, denn die Zuschauer bei öffentlichen Vorstellungen den im Spiele auftretenden Kindern spenden würden, könnte ihnen nur zu leicht das Köpfchen verdrehen und auf ihre ganze geistige Entwickelung den schlimmsten Einfluß ausüben."

„Da stimme ich Ihnen vollkommen bei," entgegnete ich; „in dem Pensionat, in welchem ich erzogen wurde, fanden öfter solche theatralische Uebungen vor einem größeren Publikum statt; die Folge davon war, daß mehre der talentvollsten Zöglinge sich heimlich aus dem Staube machten, zur Bühne gingen und nachdem sie sich ein paar Jahre in dem wüsten Schauspielerleben herumge-

trieben hatten, gebrochen an Körper und Geist zum Schmerze
der Ihrigen in's elterliche Haus zurückkehrten. Wenn
das schon bei Knaben der Fall war, wie viel näher
würde da die Gefahr für Mädchen liegen, die ohnehin
den Thorheiten der Eitelkeit zugänglicher sind.".

„Die Art und Weise, wie wir solche Spiele hier
feiern, schließt jene Gefahren so ziemlich aus," erwie=
derte der Decan; „die Spiele haben immer einen tief
religiösen Inhalt, der erbaut; und die Abwesenheit eines
größeren ungewohnten Publicums läßt den Kindern
diese Spiele im Lichte einer der gewöhnlichen Schul=
übungen erscheinen, bei welchen die Gefahren der Eitel=
keit nicht groß sind."

Da die Glocke eben zwölf schlug und zugleich die
Haushälterin zum Mittagstische rief, so unterbrachen
wir unser Gespräch und begaben uns in das Speise=
zimmer. Das Essen war einfach und wir unterhielten
uns so gut, daß mir die Zeit förmlich verflog. Nach
Tische führte mein freundlicher Wirth mich in seinen
Garten und ließ mich dort Geschäfte halber allein, mit
dem Versprechen mich um vier Uhr wieder abzuholen.
Langsam schlenderte ich über die mit reinlichem Kies
bestreuten Wege bis zu einer in der fernsten Ecke des
Gartens belegenen wunderschönen Laube von wilden Re=
ben, deren dichter Schatten mich zum Eintritte einlud.
Im Innern befand sich ein runder Tisch mit mehreren
Gartenstühlen. Auf dem Tische lag ein kleines stark
verbrauchtes Büchlein. Mehr aus Neugierde, als um
wirklich zu lesen schlug ich es auf; es war das Büch=
lein von der Nachfolge Christi; die Stelle, die ich auf=

geschlagen hatte, war das dreiundzwanzigste Capitel des
erſten Buches. Ich hatte das Buch früher oft in den
Händen meiner verſtorbenen Mutter geſehen; ſie hatte
es ſtets auf ihrem Nähtiſchchen liegen und unterbrach
häufig ihre Arbeit, um in ihm zu leſen. Ich ſelbſt hatte
mich nie mit ihm beſchäftigt. Jetzt aber, wo meine
Anſichten ſich ſo gewaltig geändert hatten, ſetzte ich mich
hin und begann das Capitel, das ich zufällig aufge=
ſchlagen hatte, zu leſen. Es handelte über die Betrachtung
des Todes; je länger ich las, deſto aufmerkſamer und
nachdenklicher wurde ich; ich las das Capitel ganz durch
und las es von neuem und je mehr ich mich in ſei=
nen Inhalt vertiefte, deſto ernſter trat mir der Gedanke
an meinen eigenen Tod vor die Seele und die Frage:
wenn du jetzt ſtürbeſt, wie würde es dir ergehen?
drängte ſich mir mit immer ſtärkerer Gewalt auf. Ich
dachte wieder an mein vergangenes, ſündhaftes Leben
und ich mußte mir ſagen: wenn ich jetzt ſtürbe, ſo
wäre ich verloren; und zwar auf ewig verloren. Was
alſo thun, was beginnen, um mich dauernd aus dieſem
Zuſtande heraus zu reißen? es war die nemliche Frage
die mich ſchon am Tage vorher ſo gequält und beäng=
ſtigt hatte. Nach langem Nachdenken kam ich zu dem
Entſchluſſe nach dem Spiele im Schweſternhauſe mich
meinem Wirthe ganz und gar zu entdecken und ihn um
Rath und Hülfe zu bitten. Unterdeſſen war es Zeit
geworden, in's Kloſter zu gehen, und ſo kehrte ich in's
Haus zurück, traf aber meinen Freund ſchon im Garten
auf dem Wege mich abzuholen. Sein ſcharfes Auge
bemerkte ſofort an meinem ernſten Blicke, daß etwas

Besonderes in mir vorgehe. Er faßte mich freundlich bei der Hand, und fragte theilnehmend:

„Sie sehen ja so ernst aus, was fehlt Ihnen, lieber Wallenberg?"

„Was mir fehlt?" erwiederte ich traurig; „mir fehlt viel, sehr viel, mir fehlt das größte Glück, das der Mensch besitzen kann, der Friede der Seele."

„Nun, da gibt es, Gott sei Dank, Mittel genug, um zu helfen," sagte lächelnd der Decan, „wenn Sie meine Rathschläge befolgen wollen, so soll Ihr Sehnen mit Gottes Hülfe bald befriedigt sein."

„O, wie dankbar wäre ich Ihnen," rief ich lebhaft, „wenn Sie mir helfen wollten. Gerade eben, wo ich allein nachdenkend in Ihrer Laube saß und meine bangen Zweifel mich wieder quälten, faßte ich den Entschluß, Ihnen mein ganzes Herz zu eröffnen."

„Seien Sie nur ruhig, lieber Freund," entgegnete der Decan, „ich kenne Ihren Seelenzustand jetzt schon sehr gut, besser als Sie es ahnen können. Ich will Ihnen noch mehr sagen. Schon vorgestern, als Sie in den Waggon stiegen, war Ihr ganzes scheues Wesen, Ihr trübes Auge mir aufgefallen. Wenn man, wie ich, so lange Jahre hindurch in der Seelsorge thätig war, erwirbt man sich etwas Kenntniß von den Seelenzuständen der Menschen. Als ich deshalb Ihre, wie mir schien, ziemlich starke Gemüthserregung wahrnahm, dachte ich, es sei gut in diese aufgewühlte Erde Ihres Herzens einige Samenkörnchen besserer Gedanken zu streuen, in der stillen Hoffnung, daß sie zu guter Frucht aufgehen würden. Das lebhafte Interesse, mit welchem Sie meinen Worten während der Fahrt folgten, vermehrte in mir noch diese Hoffnung. Freilich konnte ich nicht ahnen, daß Gott in seiner liebevollen Vorsehung Sie sobald wieder zu mir führen würde. Doch darüber wollen wir heute Abend sprechen. Jetzt ist es hohe Zeit, daß wir nach dem Kloster aufbrechen."

Ich holte rasch meinen Hut und Stock und dann machten wir uns auf den Weg. Als wir aus dem Garten auf die Straße traten, liefen uns ein paar Kinder entgegen, die meinem Wirthe freundlich die Händchen reichten, mit dem frommen Gruße „Gelobt sei Jesus Christus."

Weiter in die Straße tretend bemerkte ich mit immer wachsendem Erstaunen, wie sehr die Leute den Decan verehrten. Alles grüßte ihn freundlich und ehrerbietig. Die Kinder gaben ihm die Hände, und wo er ein paar Worte zu Jemand sprach, sah man dem Angeredeten die helle Freude aus den Augen leuchten. So ging es fort, bis wir zum Kloster gelangten, einem großen, aus Ziegelsteinen aufgeführten Gebäude. An der Thüre empfing uns die Oberin. Bei ihrem Anblicke überkam mich unwillkürlich ein Gefühl der tiefsten Verehrung. Unschuld und Seelenadel prägen sich häufig auch in den Gesichtszügen frommer Menschen aus und geben ihnen eine Art höherer Weihe, die jedem, der sich ihnen naht, bemerklich wird. So war es auch bei dieser Schwester. In ihren regelmäßigen, noch sehr jugendlichen Zügen lag eine solche Seelengröße, in ihren Augen eine solche Unschuld und Reinheit, daß ich, hätte ich nicht das Decorum zu verletzen gefürchtet, meinen Blick nicht von ihr abgewendet haben würde. Der Decan schien meine Gedanken zu errathen und stellte mir die Schwester vor:

„Schwester Amalie, die Oberin des Klosters;" Herr Wallenberg." Wir verbeugten uns schweigend.

„Dürfte ich bitten, Hochwürdiger Herr Decan", begann jetzt die Oberin, „in den Saal zu kommen. Das Spiel kann gleich beginnen."

„Recht gern, Schwester", erwiederte dieser, und ging mir voraus die Treppe hinauf, während Schwester Amalie zurückblieb, um noch einige Anordnungen zu treffen.

Als wir oben auf dem Gange waren, flüsterte mir der Decan zu: „Wissen Sie auch, mit wem Sie gesprochen haben?"

„Mag der Name dieser Schwester sein, wer immer; jedenfalls ist sie ein Engel an Unschuld und Güte", entgegnete ich lebhaft.

„Das ist sie auch", erwiderte der Decan; in der Stadt und Umgegend kennt man sie nur unter dem Namen des „Trostengels". Sie zählt erst 24 Jahre; in der Welt hieß sie Gräfin Julie von R."

„Julie von R.", erwiederte ich erstaunt, „jene reiche Erbtochter, deren Eintritt in's Kloster seiner Zeit solches Aufsehen erregte!"

„Ganz die nämliche, Doch stille, hier sind wir an der Saalthüre. Treten wir ein."

Der Saal, der sich uns jetzt öffnete, war sehr geräumig, und in der Mitte von zwei Säulchen gestützt.

Mehr als ein Drittel desselben war mit den Kindern der Klosterschule besetzt, vor und neben welchen die Schwestern Platz genommen hatten. Der übrige Theil des Saales war größtentheils von der Bühne in Anspruch genommen, die durch einen Vorhang verdeckt war. Zwischen der Bühne und den Sitzen der Kinder stand auf einem großen Teppich eine Reihe Stühle, in ihrer Mitte ein schöner Sessel.

Als wir eintraten, erhob sich Alles von den Sitzen und aus dem Munde der Kinder erscholl ein kräftiges „Gelobt sei Jesus und Maria". „In Ewigkeit, liebe Kinder", erwiederte der Decan den Gruß und richtete an die ihm zunächst befindlichen Kinder einige herzliche Worte. Dann erschien die Oberin wieder, um ihn zu dem Sessel zu geleiten, während ich an seiner Rechten Platz fand. Die übrigen Stühle waren von drei oder vier hervorragenden Laien des Städtchens besetzt, die sämmtlich meinen Freund aufs ehrfurchtsvollste begrüßten.

Wie heißt denn der Titel des Stückes, welches aufgeführt werden wird", fragte ich den Decan, als wir Platz genommen hatten. „Ich glaube: „Eugenia"; es sind Scenen aus den Zeiten der ersten christlichen Jahrhunderte; Schwester Amalie hat das Ganze selbst verfaßt."

In diesem Augenblicke erklangen die Töne eines durch die Coulissen verdeckten Harmoniums. Nach einem kurzen Vorspiele, begann ein Chor von gemischten Stimmen das folgende Lied:

„Heiligste Nacht!

„Haft uns den Frieden

„Zur Erde gebracht.

„Menschen habt Acht!

„Freut Euch der Kunde,

„Die einst der Engel

„Mit jubelndem Munde

„Wachenden Hirten

„Zur Erde gebracht.

Darauf schwieg der Chor und eine Stimme so hell und klar, wie ein Glöckchen, setzte das Lied fort:

„Ehre dem Einen,

„Friede den Reinen,

„Wonne und Luft

„Jeglicher Bruft.

„Menschliche Lippe!

„Preif' in der Krippe

„Christus den Herrn:

„Kindliches Flehen

„Höret er gern.“

Ich habe schon viele schöne Stimmen in meinem Leben gehört; aber nie hat mich ein Gesang so ergriffen, wie der dieses Kindes, welches gleichsam seine ganze Seele in den einfachen Verschen heraussang. Es lag eine Begeisterung, eine Unschuld, eine Gottesliebe in diesen Klängen, die mich wahrhaft hinriß. Als es geendet hatte, begann wieder der Chor:

„Kindlein gekommen

In heiliger Nacht;

Haft deinen Frommen

Himmlische Wonne und Freude gebracht!

Lehr' uns dich lieben,

Kind Jesu, so schön,

Führ' uns dort drüben

Zu himmlischen Höh'n.“

Mit den letzten Worten öffnete sich der Vorhang. Die Scenerie gewährte den Einblick in ein kleines Thal, in welchem ein ehrwürdiger Greis, in tiefes Sinnen versunken, auf einem Felsblocke saß. In den Eingang des Thälchens trat ein junges Mädchen, im reichen Kleide der römischen Patrizierinnen, ein funkelndes Diadem auf der Stirne. Zitternd vor Angst fragt sie den Greis, wo sie sich befinde; sie habe sich auf der Jagd von den Ihrigen entfernt, und nach langem Umherirren endlich einen wunderlieblichen Gesang gehört, dem sie nachgegangen sei. Die Töne hätten sie dann in dieses Thal geführt.

Der Greis hörte ihre Erzählung an und belehrte sie, daß sie in den Wohnungen der Einsiedler angekommen sei. „Aber der Gesang?" fragt die Jungfrau weiter; „ich sehe ja keine Sänger?" „Die Sänger", entgegnete der Alte, „sind die Einsiedler, die hier wohnen."

Auf die erstaunte Frage des Kindes, warum sie denn hier so einsam und fern von dem Umgange mit den Menschen in der Einöde wohnten, erzählte ihr der Greis in rührender Weise von der Geburt des Heilandes, seinem Leben, seinem Leiden und Tode, seiner Liebe zu den Menschen und der Stiftung seiner Kirche. Das Kind hört ihn verwundert und tief ergriffen zu und bittet ihn endlich, es ebenfalls zu einer Schülerin dieses göttlichen Erlösers zu machen, damit auch es in der Einöde Ihm dienen könne. Allein der Greis erinnert es, um die Festigkeit seines Entschlusses zu prüfen, an seine Eltern, stellt ihm ihren Kummer, ihre Sorgen vor, wenn es nicht mehr zurückkehre; schildert ihm die Wuth der Verfolgung, die Grausamkeit der Todesarten, welche die Heiden über die Christen zu verhängen pflegten; jedoch Alles vergebens. „Vater, ehrwürdiger Vater", so lautet des Kindes immer wiederkehrende Bitte, „laß mich eine Tochter Jesu Christi sein." Da widersteht der Greis nicht länger seinem Flehen und spendet ihm unter Freudenthränen an der nahen Quelle die heil. Taufe. Damit schloß der erste Act.

„Nun, mein Freund", wandte sich der Decan an mich, als der Vorhang gefallen war, „wie hat Ihnen das Spiel gefallen?"

„Es hat mich tief ergriffen", entgegnete ich leise; „ich habe nur mit Mühe die Thränen zurückhalten können."

„Es ging mir ebenso", erwiederte der Decan.

Wie wunderschön hat der ehrwürdige Greis gesprochen, wie erhaben, wie begeistert; die Rolle hat doch gewiß kein Kind gespielt."

„Ei gewiß", sagte lächelnd der Decan; der Greis ist eine der Schülerinnen der oberen Klasse. Freilich hat sie an Schwester Amalie eine gute Lehrerin gehabt."

Jetzt begann die Musik von neuem:

„Süße, heißersehnte Liebe
„Meiner schwerbedrängten Seele:
„Holder Jesus stärke mich.
„Daß ich nicht der Erde Triebe
„Treulos mir zum Antheil wähle,
„Sondern dein sei ewiglich.

„Steh' mein Heiland! deine Feinde
„Stürmen wild auf mich herein!
„Denk' der Thränen, die ich weinte,
„Wenn Gebet mich dir vereinte,
„Laß mich ewig treu dir sein.

„Vater, Mutter, welche Klänge,
„Wie verwirren sie mein Herz;
„Doch ich darf nicht ihrer Schmerzen
„Achten mehr in meinem Herzen,
„Eltern! mich zieht's himmelwärts."

Der sich öffnende Vorhang zeigte ein prachtvolles Gemach, in welchem eine bejährte Matrone tief betrübt auf einem Ruhebette saß. Es war des bekehrten Mädchens heidnische Mutter. Während sie noch im wildesten Schmerze über den Verlust ihres einzigen Kindes klagt, stürzen plötzlich Diener herein mit dem Jubelrufe, daß die Verlorene gefunden sei, und daß der Vater sie sogleich bringen werde. Wirklich erscheint bald darauf der Vater außer sich vor Freude und führt die todtgeglaubte Tochter am Arme, der jetzt auch die Mutter jubelnd entgegenstürzt. Nachdem der erste Sturm der Freude vorüber ist, erhebt sich der Vater und fordert alle Anwesenden auf, mit ihm zum Tempel zu gehen. um den Göttern ein Dankopfer darzubringen für die Rettung der Tochter. Bei diesem Befehle erblaßt die Jungfrau, sie wirft einen flehenden Blick zum Himmel, drückt ein Kreuzchen, das sie bei sich trägt, rasch an die Lippen, und spricht dann fest und muthig: „Verzeihe Vater, den Göttern kann ich nie und nimmer ein Opfer bringen; denn Opfer gehören nur dem einen wahren Gotte Jesus Christus." Bei diesen Worten entsteht eine furchtbare Scene. Der Vater fährt blaß und sprachlos vor Zorn zurück; die Diener treten scheu mit ängstlichen Blicken auf denselben bei Seite; die Mutter aber wirft sich laut weinend auf das Sopha. Nach einigen Augenblicken des Schweigens rafft sich endlich der Vater auf, tritt auf Eugenia zu und spricht mit vor Erregung bebender Stimme:

„Kind, du hast ein Bekenntniß ausgesprochen, von welchem ich glauben will, daß es nur die Frucht einer überreizten Einbildung und augenblicklichen Laune, keineswegs aber der Ausdruck eines festen Entschlusses ist. Laß diese Thorheiten fahren! Welcher vernünftige Mensch könnte im Ernste denjenigen als Gott verehren, der am Kreuze den Tod der Verbrecher starb. Komm also! vorwärts zum Opfer."

Eugenia aber bleibt unbeweglich stehen. „Vater, ich bin Christin, ich kann und darf den falschen Göttern nicht opfern"; das ist ihre Antwort auf alles Drängen, auf alle Drohungen des immer erzürnter werdenden Vaters.

Während dessen hat die Mutter Eugeniens sich von dem ersten Schrecken, den das Bekenntniß der Tochter und der auflobernde Zorn des Vaters ihr verursacht, erholt und sieht nun mit immer steigender Bewunderung die Festigkeit, den unerschütterlichen Muth und die Glaubenstreue ihres Kindes. Die Gnade wandelt ihr ganzes Herz um, und erfüllt es mit Hochachtung und Liebe zu einer Religion, die ihre Bekenner mit solcher Standhaftigkeit ausgerüstet. Als daher der Vater durch den Widerspruch Eugeniens auf's Heftigste gereizt, dieselbe enterbt und verstößt, sie ihrer kostbaren Kleider berauben und im Bettlergewande aus dem Hause treiben läßt, da springt die Mutter auf, bekennt sich laut zu dem Glauben ihrer Tochter und ruft ihrem Gatten zu:

„Siehe, auch ich bin Christin, auch ich bekenne den Glauben Eugeniens, und willst du sie verstoßen, so verstoße auch mich; dann folge ich meiner Tochter in's Elend und in die Verbannung."

Der heidnische Vater zuckte bei diesen Worten zusammen. Der Haß gegen den Christusglauben und die Liebe zu seinem Weibe und Kinde kämpfen sichtlich in seinem Herzen um die Herrschaft. Aber nur kurze Zeit; der Haß gegen den Glauben des Nazareners siegt; er wendet sich finster ab mit den Worten: „Dir geschehe, wie du gewollt." Er gibt den Dienern ein Zeichen, die nun auch die Mutter ihres Schmuckes berauben. Dann verlassen Mutter und Tochter Arm in Arm das eigene Haus, um in der Verbannung arm und verlassen ihrem Gotte zu dienen. Damit schloß der zweite Act.

Ich war von dem Gesehenen und Gehörten so bewegt, daß ich ganz in Gedanken versunken vor mich hinsah und keine Sylbe sprach. Auch mein Freund schwieg. Nach kurzer Zeit begann abermals der Gesang, um den dritten Act einzuleiten. Die Kinderstimme, die mich vorher so entzückt hatte, ließ sich von neuem vernehmen, während das Harmonium leise begleitete:

„Wenn die Welt mit ihren Freuden
„Dich verlassen hat und flieht,
„O, so denk in deinen Leiden,
„Daß dich Gottes Auge sieht.

„Denk, daß seiner Liebe Glühen
„Aus der Erde Leid entspringt;
„Daß nur da dir Freuden blühen,
„Wo der Name Jesus klingt.

„Auf empor in Jesu Arme!
„O, beim Heiland ist's so schön;
„Eile, daß dein Herz erwarme
„In des Himmels sel'gen Höh'n.

„Herzensfriede ist dein Streben,
„Friede, der den Sünder flieht;
„Denk', daß nur im reinen Leben
„Christi süßer Friede blüht."

Wieder erklang die Stimme des Kindes mit einer
solchen Klarheit, mit einer solchen Innigkeit, daß ich ihr
athemlos lauschte. Das aber, was mich in den tiefsten
Tiefen meines Herzens ergriff und bewegte, das war
die Wahrheit der Worte, welche das Kind in solch' see-
lenvollen Tönen mir zusang. Es war mir, als gälten
diese Worte einzig und allein mir, als sänge das Kind
nur für mich. War es ja doch dieses Sehnen nach
Ruhe und Frieden, das ungestillt mich so lange Jahre
gequält, und sich mir gerade in den letzten Tagen so
schmerzlich fühlbar gemacht hatte. „Herzensfriede", so
flüsterte ich, leise für mich die Worte wiederholend, „ist
dein Streben, denk', daß nur im reinen Leben Christi
süßer Friede blüht." Mein Sinnen wurde durch den
dritten Act des Spieles unterbrochen, der uns den Vater
Eugeniens in einem dunklen Kerker zeigte.

Aus seinen Selbstgesprächen erfahren wir, daß er
von einem Neider fälschlich beim Kaiser angeklagt und
von diesem dann als Hochverräther in's Gefängniß ge-

worfen worden war. Düstere Bilder ziehen an des
Unglücklichen Seele vorüber; er erinnert sich der ver=
stoßenen Gattin und Tochter, er betrachtet seine Haft
als eine Strafe des unbekannten Christengottes für die
Härte gegen die Seinen und wünscht die Stunde zu=
rück, in welcher er sie grausam von sich getrieben hatte,
um sie zurückzuhalten und um Verzeihung zu bitten.
Endlich wirft er sich im Kerker nieder und gelobt, die
Religion der Christen anzunehmen, wenn ihn Gott aus
dem Gefängnisse befreien würde. Kaum hatte er sein
Gebet vollendet, da klopft es vorsichtig an der Kerker=
pforte; — er erschrickt; noch ein Klopfen, dann schiebt
sich der eiserne Riegel zurück und mit einem leisen Schrei
der Freude stürzen Gattin und Tochter auf ihn zu.

Verwundert weiß er sich nicht zu fassen; er glaubt
zu träumen, allein die Umarmungen und Freudenthrä=
nen der Seinen bringen ihn bald zu sich und er fragt,
wie es ihnen gelungen sei, zu ihm in den Kerker zu
bringen. Mit fliegenden Worten erzählt Eugenie, daß
der edle Greis, der sie bekehrt, und auch die Mutter
der Religion Jesu Christi. zugeführt habe, von der Ge=
fangenschaft des Vaters gehört, verkleidet mit dem Ge=
fängnißwärter in Verkehr getreten und denselben zum
Christenthum bekehrt und getauft habe. Dann habe
derselbe diese Nacht zur Flucht bestimmt, da er wie die
ganze Stadt von der Unschuld des Gefangenen überzeugt
sei. Gerührt dankt der Vater für diese Güte und er=
klärt, daß auch er jetzt bereit sei, den von ihm früher
so gehaßten Christenglauben anzunehmen. Jubelnd ver=
nehmen Gattin und Tochter diese Nachricht; sie rufen

den Gefängnißwärter und den heiligen Greis herbei,
die sich der Freude der glücklichen Familie anschließen.
Zum Schlusse endlich knieen alle zusammen auf der
Bühne nieder, um Gott zu danken, der sie so gnädig
zur Erkenntniß der Wahrheit geführt hatte. Damit
schloß das rührende Spiel.

Als der Vorhang gefallen war und wir uns erho=
ben hatten, richtete der Decan noch einige herzliche Worte
an die versammelten Schwestern und Kinder, die ihn
ehrfurchtsvoll umstanden. Während er sprach, trat ich
leise weg an das geöffnete Fenster, um freier und un=
gestörter meinen Gedanken nachhängen zu können. Mein
Herz war zum Zerspringen voll. Beim Anblicke dieser
unschuldigen Kinder, denen das Glück aus den Augen
strahlte, der Schwestern, deren Züge rein, wie die der
Kinder, keine Wolke innerer Seelenqualen zeigten, des
Decans, dessen väterliches Antlitz die selige Zufrieden=
heit verrieth, die ihn, den treuen Seelsorger, unter seiner
Heerde erfüllte; bei diesem Anblicke gedachte ich der
Zerrissenheit meines Herzens. und der qualvollen Un=
ruhe, deren Beute ich nun schon so lange gewesen und
ich hätte laut aufweinen mögen, daß ich dieses Glück,
das auch ich in meiner Kinderzeit genossen, von mir
geworfen und preisgegeben hatte. Jetzt, wo diese Stürme
vorüber sind, wo ich die Ruhe des Herzens wiederge=
funden, kann ich mich kaum mehr in jene Zeit zurück=
versetzen; nur die eine Erinnerung ist mir geblieben
und wird mir auch stets bis zu meinem Tode bleiben,
daß ein solcher Seelenzustand namenlos qualvoll ist.

Nachdem ich so einige Zeit träumerisch in die Abend=
landschaft geblickt hatte, nahte mir der Decan mit der
freundlichen Bitte, ihm nach Hause zu folgen. Schwe=
ster Amalie begleitete uns bis zur Thüre, wo wir uns
herzlich verabschiedeten.

„Nun, mein lieber Wallenberg", begann der Decan,
„welchen Eindruck hat die Feier in Ihnen hervorgebracht?"

„Freude und Trauer", entgegnete ich seufzend; „die
Lust der Kinder war so rührend schön; aber sie mahnte
mich an die Jahre meiner Kindheit, in welcher ich das=
selbe Glück genossen, ein Glück, das ich leider verscherzt
habe. Und das thut mir so unaussprechlich weh. O,
könnte ich mir diese Kindesruhe wieder erkaufen, welche
Opfer wollte ich bringen! Aber ach, ich weiß nicht,
ob Gott mir sie nochmals schenken wird" —

„Glauben Sie mir, verehrter Freund", fiel mir der
Decan mit Wärme in die Rede, „daß Sie diese Ruhe
wieder erlangen können und wieder erlangen werden,
wenn Sie nur wollen. Gott ist unendlich gut. Folgen
Sie meinem Rathe und begeben Sie sich in's Kloster
Friedenthal, um dort einige Tage in stiller Zurückge=
zogenheit zuzubringen; legen Sie bei einem der Herrn
Patres eine aufrichtige Beichte über Ihr vergangenes
Leben ab, ordnen Sie Ihr zukünftiges Verhalten nach
seinen Rathschlägen, und halten Sie sich versichert, daß
Sie die Ruhe des Herzens, die Sie jetzt so sehr ver=
missen, wieder finden werden."

„Ja beichten", erwiederte ich, „könnte ich mich dazu
entschließen; wie oft habe ich in diesen Tagen das

nemliche gedacht; allein eine innere Angst schreckt mich
stets davon zurück."

„Ich begreife es", erwiederte mein Freund, „daß es
Sie Ueberwindung kosten wird; allein der innere Frie=
den, die Ruhe der Seele, welche der würdige Empfang
des hl. Bußsacramentes dem Menschen wiedergibt, ist
so groß und schön, daß ihm gegenüber jedes, auch das
größte Opfer gering erscheinen muß."

Unterdessen waren wir wieder im Pfarrhause ange=
kommen. Im Hausgange händigte die alte Dienerin
meinem Freunde ein großes Schreiben mit dem Siegel
der Regierung ein. Der Decan trat in das Speise=
zimmer und erbrach es hastig; aber während er es
las, überflog eine Leichenblässe seine Wangen, so daß
ich erschrocken nach dem Inhalte fragte. Er reichte mir
es wortlos hin; es enthielt eine Verfügung der Re=
gierung, welche die Schwesternschule ein für allemal
aufhob.

„Aber das ist ja entsetzlich", rief ich entrüstet, in=
dem ich meinem Freunde das Papier zurückgab; „was
haben denn die Schwestern verbrochen; wie kann und
darf man eine so blühende, so segensreich wirkende
Schule zerstören? Sie werden doch gegen diese Ver=
fügung remonstriren, Herr Decan."

„Es wird wenig helfen", gab dieser traurig zur
Antwort. „Ich habe diese Maßregel schon seit lange
gefürchtet. Unsere Schule hat sich von allen, die in
dieser Gegend bestanden, am längsten gehalten. Es war
nicht zu erwarten, daß bei ihr eine Ausnahme statt=

finden würde. Die liebe Mutter Gottes wolle die armen, verlassenen Kleinen bewahren."

„Nein", rief ich heftig, „bei dieser Verfügung kann und darf es nicht bleiben. Wenden Sie sich direkt an Se. Majestät den König. Er hat ein Herz für seine Unterthanen; ich weiß es, ich bin gewiß, daß er mit dem Schicksale der Kinder Mitleid haben wird."

„Das glaube ich auch, wenn er allein regierte. Allein das System fordert diese Opfer; er kann nicht thun, wie sein Herz es ihm räth. Die Schule ist vernichtet und mit ihr die Frucht langjähriger Mühen und Sorgen. Großer Gott, das Opfer, das du mir auferlegst, ist hart, sehr hart. — Dein Wille geschehe." —

Er ging einige Male schweigend in dem Zimmer auf und ab, während ich meinem Zorne und Aerger freien Lauf ließ. Dann blieb er vor mir stehen und sagte im Tone tiefsten Schmerzes:

„Sehen Sie, lieber Herr Wallenberg, das ist es, was mich in dem Sturme, der jetzt über uns Katholiken hinbraust, mit am meisten schmerzt; die Art und Weise, wie man die Schöpfungen langer Jahre mit einem Federstriche zu Boden wirft und vernichtet. Welche Opfer haben wir gebracht seit den achtundvierziger Jahren, wo die Kirche wieder einige Freiheit zu genießen begann! Mit welcher Begeisterung, mit welcher freudigen Opferwilligkeit haben die Katholiken, selbst die Aermsten, ihr Scherflein beigesteuert, um die Anstalten zu gründen, die bisher unser Stolz waren und die eine Quelle reichsten Segens für unser Volk geworden sind. Klöster, Wallfahrtskirchen, Seminarien und Schulen, für welche

Bischöfe und Priester ihre letzten Ersparnisse gegeben, die
sie nur unter unsäglichen Kämpfen und Mühen in's
Dasein gerufen, sie müssen jetzt unter der Herrschaft
einer gottentfremdeten Partei zusammenbrechen. Die
Gotteshäuser stehen verlassen, die Klöster verödet und in
ihren Schulsälen, die ehedem Bildung und Gesittung unter
unserem Volke verbreiteten, ist es jetzt todt und still.
Die armen Kinder sind verwahrlost, nach allen Richtungen hin zerstreut, ohne Schutz, ohne Stütze, allen
Versuchungen des Lasters preisgegeben; fast dreitausend
Schulen stehen leer in Preußen und dennoch ergehen noch
immer neue Edicte, welche unsere christlichen Lehrer und
Lehrerinen aus den Schulen verjagen. Und warum
alles dies? Was haben diese Ordensleute verbrochen?
Haben sie nicht gelebt wie Heilige, still und einfach nur
Gott und der Erfüllung ihrer Pflicht geweiht? Wirkten
sie nicht als sichtbare Schutzengel unter uns? hängt
nicht unser ganzes katholisches Volk mit innigster Verehrung
ihnen an? Betrachten Sie, mit welch' unbegrenzter Liebe
die Kinder in den Schwesternschulen ihren Lehrerinen
ergeben sind; blicken Sie in diese unschuldigen Kinder-
augen, aus welchen eine engelgleiche Reinheit Ihnen
entgegenlacht, weil Engel an Reinheit sie beschützen; und
dann fragen Sie sich, welch ein Gericht dereinstens von
Gottes Hand über diejenigen ergehen muß, welche die
Schuld tragen, daß diese Kinderunschuld hinausgeschleu-
dert wird in die Verführungen der Welt, in welcher sie
so oft auf das Schändlichste gemordet wird.

Und eine Partei, die so in unserm Vaterlande haust,
die von Gau zu Gau ihren Glauben und Sitten gleich

gefährlichen Principien Geltung verschaffend überall die
Bollwerke der Unschuld zerstört, die wagt es, von Re=
ligion und Sittlichkeit zu sprechen und sich zu rühmen,
aus unserm Volke ein Volk der Gottesfurcht und from=
men Sitte gemacht zu haben?

Ja! ich sehe ein Verderben gegen uns heranziehen,
das riesengroß unser Volk zermalmen und die deutsche
Erde mit Strömen von Blut tränken wird, damit
die Frevel gesühnt werden, die seit Jahren an unserm
Volke begangen worden sind. Doch wozu hilft dieses
Klagen? Wozu den Blick auf den Jammer der Zukunft
richten, während das Elend und die Noth der Gegen=
wart selbst so gewaltig unsre ganze Kraft erfordert.
Verzeihen Sie, lieber Wallenberg, diesen Ausbruch mei=
ner Trauer, der Schmerz ist zu groß. Wenn Sie
wüßten, wie groß die Liebe eines Seelsorgers zu der
ihm anvertrauten Heerde ist, dann würden Sie ihn
begreifen, würden Sie Mitleid mit mir haben."

Ich hatte während dieser ergreifenden Rede meines
Wirthes stumm und unbeweglich dagestanden. Meine
ganze Aufmerksamkeit war auf den schlichten einfachen
Priester gerichtet, der in seinem tiefen Schmerze, wie in
wunderbarer Größe, vor mir stand. Mein anfänglicher
Zorn hatte nach und nach einer immer weicheren
Stimmung Platz gemacht; es war mir, als ob das
ganze Leid dieses Mannes, der meinem Herzen so nahe
getreten war, in meine eigene Brust hineingezogen sei,
und der Gedanke, einer Partei angehört zu haben, die
Solches an den heiligsten Interessen unseres Volkes ver=

schuldet, schnürte mir die Brust zusammen. Wie nichts=
würdig, wie erbärmlich standen ich und meine Gesinn=
ungsgenossen mit unsern Phrasen von Patriotismus und
Liebe zu unserm Volke diesem schlichten Priester gegen=
über, der nur für Gott und das ewige Heil unsterbli=
cher Seelen begeistert, in heiligem Schmerze über das
sittliche Elend klagte, welches die Feinde jeder Ordnung,
jeder Tugend über die deutsche Erde gebracht hatten. Was
sollte, was konnte ich ihm antworten? Ich faßte seine
Hand, drückte sie mit Inbrunst und erwiederte:

„Verehrtester Freund, mein Herz ist schmerzlich be=
wegt, wie das Ihrige. O, hätte ich früher gewußt,
was ich jetzt erfahren!"

Ich fühlte, daß ich gut daran thun würde, meinen
Freund mit sich allein zu lassen, und verabschiedete mich
deshalb bald, nachdem wir zu Nacht gegessen, um auf
meinem Zimmer allein für mich über das, was ich nun
beginnen wollte, nachzusinnen.

Die Worte meines Wirthes: „Begeben Sie sich
in's Kloster Friedenthal, um dort einige Tage in stiller
Zurückgezogenheit zuzubringen; legen Sie eine aufrich=
tige Beichte über Ihr vergangenes Leben ab und Sie
werden die Ruhe des Herzens wieder finden!" diese
Worte kehrten in mein Gedächtniß zurück und ich ging
mit dem festen Entschlusse zur Ruhe, schon am folgen=
den Tage Friedenthal aufzusuchen.

Und ich blieb meinem Vorsatze treu. Von den Se=
genswünschen des Decans begleitet, reiste ich am andern
Tage ab und traf am Abende wohlbehalten im Kloster

ein. Die Mönche nahmen mich mit der größten Liebe
und Zuvorkommenheit auf. Ich blieb acht Tage bei
ihnen. Was dort zwischen mir und Gott vorging, das
zu beschreiben, erlassen Sie mir, verehrtester Herr Pfar=
rer. Ich bin heute überglücklich mit einem Herzen voll
Dankes gegen den Herrn und seine heilige Mutter zurück=
gekehrt. Was ich in den Tagen meines Aufenthaltes
im Kloster Friedenthal mir vorgenommen, das habe ich
gleich nach meiner Ankunft hier ausgeführt; ich eilte
zum Grabe meiner verstorbenen Eltern, um sie für mein
vergangenes Leben um Verzeihung zu bitten. Es drängte
mich gewaltsam hin zu diesem mir so theuren Grabe,
das ich lange Jahre hindurch im Bewußtsein meiner
schweren Schuld gemieden hatte. Und wenn ich auch
den kalten Stein mit heißen Reuethränen benetzte, so
erfüllte dennoch ein Gefühl unaussprechlichen Trostes
mein Herz, das Gefühl, wieder auf der richtigen Bahn
zu sein, die mich, wenn ich sie bis zu meinem Lebens=
ende treu wandele, mit dem ernsten Vater, mit dem
lieben Mütterchen im Himmel auf ewig vereinigen wird.
Meinen edlen Freund und Wohlthäter in Weilerau habe
ich auf dem Rückwege nicht besucht; der Drang, als reui=
ger Sohn an dem Grabe meiner todten Eltern Verzeih=
ung zu erflehen, die Sehnsucht, unter der Bevölkerung
dieser Stadt, der ich so vieles Aergerniß gegeben, als
gebesserter Mensch die Vergangenheit wieder gut zu
machen und vor allem der Wunsch, Sie, hochwürdiger
Herr Pfarrer, dem ich so vielen Kummer bereitet, um
Verzeihung zu bitten, trieb mich unwiderstehlich zurück,
und wenn ich nun Sie, mein Vater, aus vollster Seele

um Verzeihung bitte, so werden Sie gewiß meine Bitte nicht unerhört lassen."

In den Augen des greisen Priesters, der der Erzähl= ung Wallenbergs ohne Unterbrechung bis zum Schlusse mit vollster Aufmerksamkeit gefolgt war, standen Thrä= nen der Rührung.

„Ob ich Ihnen verzeihe, mein Sohn", rief er be= wegt, „wie könnten Sie daran zweifeln? Sie haben ja durch Ihre aufrichtige Rückkehr Alles reichlich wieder gut gemacht."

Dann warf er sich vor seinem Crucifixe auf die Knie und betete und dankte Gott, daß er ihm das Glück zu Theil hatte werden lassen, das verirrte Schäflein wieder zum Hirten zurückkehren zu sehen. Wallenberg, ebenfalls auf Tiefste gerührt, kniete neben ihm nieder und betete mit. Erst als die Thurmglocke die Mitter= nachtsstunde verkündete, trennten sich beide. Das Band der Liebe Jesu Christi war zwischen dem Priester und seinem geistigen Sohne wieder festgeschlungen.

Fünftes Kapitel.

Der Zweck heiligt die Mittel.

Seitdem der junge Wallenberg von seiner Reise zurück=
gekehrt war, gerieth seine alte Dienerin Margarethe aus
einem Erstaunen in's andere. Sie war bei seiner Ge=
burt zugegen gewesen, und hatte ihn seit jener Zeit mit
wahrhaft mütterlicher Zärtlichkeit geliebt. Nachdem die
beiden Eltern des Knaben gestorben waren, lebte sie meh=
rere Jahre hindurch in dem Hause allein als Hüterin
desselben. Als dann Wallenberg aus dem Pensionate,
in welches ihn sein Vormund gesandt hatte, zurückkehrte,
führte ihm die alte Dienerin selbstverständlich die Haus=
wirthschaft, und der junge Mann hatte alle Ursache, mit
der ihm so treu ergebenen Frau zufrieden zu sein. Je
mehr er sich aber seinen jugendlichen Verirrungen hin=
gab, desto barscher und rauher wurde er gegen dieselbe,
die ihrerseits, in ihrer tiefen Frömmigkeit den größten
Schmerz über das gottvergessene Leben ihres jungen Herrn
empfand, ohne daß sie es jedoch gewagt hätte, ihm ernste
Vorstellungen dieserhalb zu machen, da sie von der Nutz=
losigkeit derselben im Voraus überzeugt war. Bis zum
Tage der Abreise Wallenbergs hatte sie sein rauhes Be=
nehmen in schweigender Geduld ertragen. Allein als

derselbe an jenem Tage so weit ging, sie in seinem Zorne
„alte Gans" zu nennen, da meinte sie, sie könne eine
solche Behandlung nicht mehr länger ertragen. Eine
Zeit lang glaubte sie, ihr junger Herr sei nicht recht bei
Sinnen gewesen; als sie aber sah, daß dies nicht der
Fall sei, da fühlte sie einen so großen Kummer in ihrem
Herzen, daß sie in den ersten Tagen nach seiner Abreise
viele Thränen vergoß und ganz untröstlich war. Dann
hatte sie sich alle Wohlthaten in's Gedächtniß zurückge-
rufen, die sie Wallenberg von seiner Kindheit an erwie-
sen, und hatte beschlossen, ihn in Zukunft, wie sie sich
einer vertrauten Freundin gegenüber geäußert hatte, mit
großer Zurückhaltung zu behandeln, damit er seinen Undank und sein Unrecht einsehen lerne. Allein wie dies
anfangen? Das erste, was sie thun müsse, bestand ihrer
Meinung nach darin, daß sie eine ernste, strenge Miene
annehme. Sie stellte sich deshalb oft vor den Spiegel,
um eine passende zu finden; allein es wollte ihr nicht
gelingen. Die Eine schien ihr zu streng; denn sie hatte
ja Wallenberg, obwohl er sie „alte Gans" genannt, in
tiefster Seele lieb; die andere war zu nichtssagend; die
dritte zu freundlich; kurz, diese Art, ihrer beabsichtigten
großen Zurückhaltung Ausdruck zu verleihen, erschien ihr
nachgerade unausführbar. Sie mußte daher etwas anderes ausfindig machen, und kam endlich zu dem Entschlusse, ihrem jungen Herrn bei seiner Rückkehr in einer
längeren Rede alle ihre Verdienste um ihn auseinander
zu setzen, und ihm so das große Unrecht, das er ihr an-
gethan, begreiflich zu machen. Nach einigen Tagen war
sie mit den Vorbereitungen zu dieser Rede im Reinen.

Allein, als wieder mehrere Tage verflossen waren, ge=
wann die Sehnsucht nach Wallenbergs Rückkehr so sehr
in ihrem Herzen die Oberhand, daß sie gar nicht mehr
an die Rede dachte, und mit Schmerzen auf seine An=
kunft harrte. Endlich, erhielt sie eine Postkarte mit der
Angabe des Tages und der Stunde der Wiederkehr.
Nun fiel ihr auch die Rede, die sie halten wollte, wieder
ein und sie recitirte sie mehreremale auf ihrem Zimmer
und wurde dabei schon im Voraus so gerührt, daß sie
an der Wirkung derselben gar nicht zweifeln konnte. Nach
langem Warten schlug die ersehnte Stunde, und sie stellte
sich mit möglichst ernstem Gesichte im Hausgange auf.
Da wird die Glocke gezogen; gemessenen Schrittes geht
sie zur Thüre, öffnet und will schon beginnen; allein
Wallenberg schneidet ihr alles ab, indem er ihr mit der
herzlichsten Miene die Hände reicht und ausruft:

„Gott Dank, liebe Margareth, da bin ich wieder
glücklich zu Hause. Bist du auch gesund geblieben?"

Bei den Worten „liebe Margareth", die sie seit lan=
gen Jahren nicht mehr aus Wallenbergs Munde ver=
nommen hatte, glättete sich das Gesicht der Alten sofort;
das klang ihr, wie angenehme Musik in den Ohren und
Strafrede, Groll und „alte Gans" war mit einemmale
so vergessen, daß sie überglücklich antwortete: „O ja,
Herr Wallenberg, ich bin ganz gesund und wenn ich's
nicht wäre, dann würde ich vor lauter Freude über Ihre
glückliche Wiederkehr gesund."

„Das ist mir lieb, Margareth," entgegnete Wallen=
berg lächelnd, „ich bin auch gesund und recht froh und
glücklich. Der liebe Gott hat meine Reise reich gesegnet.

Und nun sei so gut und trage diese Sachen auf mein Zimmer; denn ich will sogleich auf den Friedhof zum Grabe meiner theuren Eltern gehen, um dort mein Gebet zu verrichten, und dann will ich dem Herrn Pfarrer einen Besuch machen." Damit drehte sich Wallenberg um, und verließ wieder das Haus. Die Alte schaute ihm in stummer Verwunderung nach.

„Sei so gut — liebe Margareth — zum Grabe meiner theuren Eltern — beten — den Herrn Pfarrer besuchen —" wiederholte sie leise; „was ist das? was ist da vorgegangen?"

Ihr Staunen wuchs, als sie in Wallenbergs Ueberrock das Büchlein von der Nachfolge Christi und ein kleines Kreuzchen fand; Dinge, die so wenig mit dem Leben in Einklang standen, welches Wallenberg bis dahin geführt hatte; er, der Altkatholik geworden und jahrelang das Grab seiner Eltern, die Kirche, das Pfarrhaus gemieden hatte. War ihr Herr bekehrt, wer hatte ihn bekehrt? Wie war es gekommen? diese Fragen beschäftigten sie, bis sie einschlief.

Der folgende Morgen brachte ihr neue Ueberraschungen; als sie gegen halb 7 Uhr Wallenberg wecken wollte, fand sie die Thüre zu seinem Schlafzimmer offen. Der junge Herr war also schon ausgegangen. Nach Verlauf einer halben Stunde, als sie kaum mit der Ordnung des Zimmers zu Ende war, kam er zurück, und rief ihr schon in der Zimmerthüre ein „guten Morgen, Margareth," zu. Sie wußte nicht, wie ihr geschah. Dann öffnete derselbe seinen Koffer und gab ihr mit den Worten:

„Da habe ich dir etwas von der Reise mitgebracht,“ einen Alabasterrosenkranz, zwei schöne Medaillen und ein großes Gebetbuch mit vielen Bildern. Die Alte stand in stummer Verwunderung vor ihm.

„Du wunderst dich, Margareth, daß ich dir solche Geschenke mitbringe. Danke mit mir dem lieben Gott, daß er mir einen Lichtstrahl seiner Gnade gesandt und mich von meinen bösen Wegen zum Glauben zurückgeführt hat. Jetzt will ich wieder fromm und brav leben, wie ich als Kind bei Lebzeiten meiner guten Eltern war. Ich komme eben aus der heil. Messe.“

Da fand die Alte endlich wieder Worte und rief:

„Gott sei gelobt und gepriesen, Herr Wallenberg, daß Sie wieder gut sein wollen; jetzt will ich Ihnen aber auch mit Freuden bis an meinen Tod dienen.“

Dann lief sie fort, trug ihre Geschenke auf ihr Zimmer, brachte strahlend vor Freude das Frühstück und meinte, jetzt sei die Welt noch einmal so schön.

Nachdem Wallenberg gefrühstückt hatte, suchte er aus seinen Büchern alle gegen die Kirche und besonders gegen die Unfehlbarkeit des Papstes gerichteten Schriften hervor und ließ sie verbrennen; das gleiche Schicksal bereitete er den Briefen, die ihm von altkatholischer Seite zugegangen waren. Margareth mußte die profanen Bilder, welche die Wände seiner Zimmer bedeckten, auf den Hausboden tragen. Dann hing er die altehrwürdigen Heiligenbilder, die seine Eltern besessen, wieder an ihre alte Stelle. Nachdem dies Alles geschehen, setzte er eine Erklärung auf, in welcher er seinen Abfall zu der neuen Secte widerrief, seine Rückkehr zum katholischen Glauben

kund that, und seine Mitbürger für das von ihm gege=
bene Aergerniß um Verzeihung bat. Mit dieser Erklär=
ung begab er sich zum Pfarrer, um sie ihm zur Prüfung
vorzulegen und sie dann der Redaction des Localblattes
zur Veröffentlichung zuzustellen.

Der alte Pfarrer empfing seinen Schützling mit der
größten Herzlichkeit. Der Widerruf, den Wallenberg ihm
vorlas, gefiel ihm wegen der Wärme und Ueberzeugung,
die aus ihm sprach, sehr wohl. „So ist's recht, mein
Sohn," sagte er; „wer offen und frei seinen Irrthum
bekennt, und zur Wahrheit zurückkehrt, der hat die Acht=
ung eines jeden ehrlichen Mannes für sich. Nur muthig
voran. Gott ist mit Ihnen."

„Ich kann Ihnen die Versicherung geben, verehrter
Herr Pfarrer," entgegnete Wallenberg, „daß mir diese
Erklärung nicht die mindeste Ueberwindung gekostet hat.
Im Gegentheile, sie war und ist mir ein Herzensbedürf=
niß. Ich habe viel wieder gut zu machen; und freue
mich sehr, meine große Schuld wenigstens theilweise ab=
tragen zu können. Dann aber habe ich noch eine Bitte.
Ich gehörte bis jetzt einem Vereine von Männern an,
welche der katholischen Kirche den Rücken gekehrt hatten,
und möchte deßhalb, um auch hierin meine Besserung zu
zeigen, in den hiesigen katholischen Verein eintreten, der
unter Ihrer Leitung steht!"

„Mit der größten Freude, mein Sohn, sollen Sie
aufgenommen werden," erwiederte der Pfarrer, „und da
ich selbst die abendlichen Vereinsversammlungen meines
Alters wegen nicht mehr zu besuchen pflege, so will ich
heute noch meinen Stellvertreter, Herrn Kohle, anweisen,

auf morgen Abend 8 Uhr die Versammlung zusammen=
zuberufen und Sie aufzunehmen. Es wird dann wohl
das Beste sein, wenn Sie etwa einige Minuten vor
8 Uhr Herrn Kohle, der Ihnen ja wohlbekannt ist, auf=
suchen, und mit ihm zum Vereinslocale gehen. Ich bin
überzeugt, daß die katholischen Männer Sie mit der
größten Liebe aufnehmen werden. Und es trifft auch
sehr gut zusammen, wenn morgen frühe Ihre Erklärung
erscheint und Sie morgen Abend in den katholischen
Männerverein eintreten.‘‘

Wallenberg dankte dem Pfarrer herzlich für die Ge=
währung seiner Bitte und verabschiedete sich sodann, um
für die Veröffentlichung seines Widerrufes die nöthige
Sorge zu tragen.

———————

Am Abende des nemlichen Tages herrschte in dem
Versammlungssaale der Altkatholiken im „Russischen Hofe‘‘
große Bewegung. Es waren zwei Gäste angekommen,
welche mit den Vereinsgenossen einen vergnügten Abend
verbringen wollten. Der eine von Beiden war ein „alt=
katholischer‘‘ Priester aus dem Auslande, der andere der
unsern Lesern wohlbekannte Herr Brodmann aus K.
Die Gesellschaft, die aus ungefähr zwanzig, meist den
höheren Ständen angehörenden Personen bestehen mochte,
war in heiterster Laune. Besonders that sich der aus=
ländische „Herr Pfarrer‘‘ durch seine derben Scherze her=
vor, die von der Gesellschaft jedesmal mit schallendem
Gelächter aufgenommen wurden. Auch Herr Brodmann
war sehr gesprächig und beschrieb seinen Genossen mit
allerlei wüsten Ausfällen gegen die katholische Kirche sein

letztes Abenteuer, den Jesuitenfang. Er erzählte, wie er
von dem Polizeiinspector vernommen, daß man einen Je=
suiten mit der Bahn erwarte, daß derselbe sofort arre=
tirt und dann mit Gewalt über die Reichsgränze gebracht
werden solle. Er habe sodann seine Fabrikarbeiter und
andere taugliche Subjecte losgelassen, die dann auch den
Mann gehörig empfangen hätten. Leider aber habe man
einen Fehlgriff gethan, denn der von dem Gensdarmen
am Bahnhofe verhaftete Reisende sei kein Jesuit gewesen,
sondern ein unbetheiligter Fremder Namens Wallenberg, der
durch diese Verwechselung eine Nacht im Gefängnisse habe
zubringen müssen und erst am anderen Morgen, nachdem
man seine Unschuld erkannt, in Freiheit gesetzt worden sei.

Bei dem Namen Wallenberg wurde die Gesellschaft
stutzig.

„Wallenberg“? rief der Eisenbahnwerkmeister Birken=
stiel; „alle Wetter, wo steckt denn unser Wallenberg?
ich habe ihn seit mindestens acht Tagen nicht mehr ge=
sehen.“

„Wallenberg wird auf Reisen sein,“ rief Dr. Königs=
heim; ich habe ihn vor ungefähr zehn Tagen so nervös
aufgeregt in der neuen Anlage getroffen, daß ich ihm
dringend eine Erholungsreise anrieth; ein Rath, welchen
er auch zu befolgen versprach und zwar so eilig, daß er
im Sturme nach Hause rannte. Seit jenem Tage habe
auch ich ihn nicht mehr zu Gesichte bekommen.“

„Donner und Doria, Brodmann,“ rief jetzt der Prä=
sident des Vereines, Justizrath Hebenfeld, „da hätten
Sie etwas Schönes angefangen, wenn Sie den Wallen=
berg als Jesuiten versehen, ausgeheult und in’s Gefäng=

niß gesperrt hätten. Das könnte böse Folgen haben. Ich kenne den Hitzkopf; er wäre im Stande, uns allen den Rücken zu wenden und am Ende gar wieder katholisch zu werden. Direct schaden könnte er uns zwar durch so einen Streich nicht, aber, aber, jetzt ein Rücktritt — das wäre fatal —"

„Nein, nein, Wallenberg darf nicht austreten;" schrieen mehrere Stimmen zugleich; „das muß um jeden Preis verhütet werden."

„Hören Sie, Brodmann," fragte der Präsident den Fabrikherrn, „wie sah denn Ihr vermeintlicher Jesuite aus? Beschreiben Sie uns ihn. Vielleicht war es ein anderer Wallenberg."

„Hm! wie er aussah," entgegnete der Gefragte verlegen, „genau weiß ich es nicht anzugeben, denn ich habe mich natürlich nicht persönlich an der Scene betheiligt; ich sah ihn nur flüchtig vom Fenster aus, als er vorüber geführt wurde. So weit ich mich erinnere, war es eine lange, hagere Gestalt, mit Adlernase und blassen, eingefallenen Zügen, kurz er sah aus —

„Es war ganz gewiß Wallenberg," unterbrach ihn der Präsident; „hatte er nicht ganz schwarze Kleider und auf der linken Wange eine Narbe?"

„Ganz so ist's", bestätigte Brodmann, „da habe ich allerdings in der besten Absicht von der Welt einen kreuzdummen Streich gemacht. Will einem Jesuiten eins auf's Fell brennen und erwische einen unserer Brüder. Aber, Freunde, ich glaube, daß Ihr zu viel Wesens aus der leidigen Sache machet; Wallenberg wird die Affaire nicht so ernst aufgefaßt haben, und sollte er sich wirklich mit dem Gedanken tragen, uns zu verlassen, so werden wir, denke ich, auch Mittel genug finden, ihn wieder zur Vernunft zu bringen."

Der Fabrikherr hatte seinen Satz kaum beendigt, da wurde der Präsident in ein Nebenzimmer gebeten, da Jemand ihm eine wichtige Nachricht mitzutheilen habe. Hebenfeld eilte sofort hinaus, kehrte aber nach ganz kurzer Zeit wieder zurück und rief schon unter der Thüre in ärgerlichem Tone: „Da haben wir's; ganz wie ich vermuthet hatte. Wallenberg ist durch die Geschichte so in Harnisch gebracht worden, daß er mit Sack und Pack in's andere Lager übergegangen ist. So eben bringt mir ein Bote folgendes Briefchen vom ersten Setzer in der Actiendruckerei:

Sehr geehrter Herr Justizrath!

„In der Hoffnung, Ihnen einen Dienst zu leisten, „benachrichtige ich Sie hierdurch in Eile, daß Herr „Wallenberg heute Vormittag eine Erklärung zum so= „fortigen Abdrucke im „Volksblatte" mir persönlich über= „bracht hat, in welcher er seinen Austritt aus der „altkatholischen Kirche, und seine Rückkehr zum Papst= „thum 2c. erklärt. Ich habe, um Ihnen Zeit zu las= „sen, einem Scandale wo möglich vorzubeugen, die „Erklärung verlegt, so daß sie in der nächsten Num= „mer des Volksblattes noch nicht abgedruckt werden „wird."

Mit ergebenster Hochachtung

Ew. Wohlgeboren

M. d. 28sten Juli 1874.   gehorsamster Diener
                                        Lautscheck.

„P. Scpt. So eben vernehme ich noch von einem
„meiner Collegen, daß Wallenberg morgen Abend schon
„als Mitglied in den „katholischen Männerverein"
„aufgenommen werden soll.

D. O.

Hebenfeld warf den Brief mit einem kräftigen Fluche
auf den Tisch und fragte zornig;

„Was nun anfangen?"

Die ganze Gesellschaft war bei dem Verlesen des
Briefes vollständig verstummt; einer sah den andern fra=
gend an und man konnte in aller Zügen die Bestürz=
ung lesen, in welche sie die in dem Briefe enthaltene
Nachricht versetzte. Sie fühlten es, daß der Uebertritt
des jungen, unabhängigen reichen Mannes der altkatho=
lischen Sache in M. einen empfindlichen Schlag versetzen
mußte.

Nach einigen Minuten tiefen Schweigens erhob sich
der uns bekannte Arzt Dr. Königsheim und bemerkte
bedächtig :

„Meine Herren! die Sache liegt allerdings bedenklich,
und so leicht läßt sich da nicht helfen. Indessen einen
Versuch müssen wir doch wagen; und ich glaube, daß ich
einen geeigneten Plan gefunden habe. Ich dächte, wir
verfahren nach dem alten medizinischen Grundsatze: „con-
traria contrariis curantur."

Die Augen der Anwesenden richteten sich erwartungs=
voll auf den Sprecher, der still für sich hinlächelte und
schwieg.

„Nun, Königsheim," wandte sich der Präsident an
den Arzt, wenn Sie denn Rath wissen, so theilen Sie

10*

ihn mit. Was Sie bis jetzt gesagt, ist uns vollkommen unverständlich."

„Nur Geduld, meine Freunde," entgegnete Königs= heim; „ich glaube, mein Plan ist gut. Also dem Briefe des Setzers zufolge soll Wallenberg morgen Abend in den katholischen Verein eingeführt werden; und die Ur= sache dieses Umschlages in seiner Gesinnung ist die Be= handlung, die ihm als einem verkappten Jesuiten in K. widerfahren ist. Wenn wir es nun fertig bringen könnten, daß er morgen in dem katholischen Vereine eben so übel empfangen würde, daß die Ultramontanen ihn noch mehr verletzten, dann würde er sich wohl auch von ihnen zurückziehen. Und wenn dann unser Freund Brod= mann, der eigentlich, wenn auch ohne böse Absicht, das ganze Malheur verschuldet hat, mit dem einen oder an= dern von uns zu ihm ginge, ihm das Versehen erklärte, eventuell um Entschuldigung bäte, und ihn mit dem an= dern gehörig bearbeitete, dann meine ich, würde es uns wohl gelingen, ihn wieder hierherzuziehen. Und haben wir ihn wieder hier, dann wollen wir schon dafür sor= gen, daß er nicht zum zweiten Male den Abfall ver= sucht."

Die Gesellschaft nickte dem Sprecher beifällig zu."

„Aber wie sollen wir es anfangen, um den katholi= schen Verein gegen ihn aufzuhetzen?" warf Hebenfeld ha= stig ein; „wenn der Pfarrer ihn einführt, dann wird er gewiß mit Jubel begrüßt werden."

„Das dürfte wohl kaum geschehen," entgegnete Birken= stiel; „der Pfarrer ist hochbejahrt und pflegt Abends

nicht mehr auszugehen; er müßte denn zu Kranken ge=
rufen werden."

„Sollte er nicht zu Gunsten Wallenbergs eine Aus=
nahme machen?" bemerkte Hebenfeld.

„Hm!" meinte Königsheim; „wenn wir alle Mög=
lichkeiten in's Auge fassen wollen, werden wir nie zu
einem Entschlusse kommen."

„Ja, aber nun die Hauptsache," riefen mehrere; „wie
die Ultramontanen mißtrauisch gegen ihn machen?"

„Das läßt sich dadurch leicht erreichen," erklärte Kö=
nigsheim, „daß wir durch einen aus ihrem Vereine die
Nachricht aussprengen lassen, die ganze Bekehrung Wal=
lenbergs sei erheuchelt; er sei nur als unser Spion aus=
gesandt, um ihre Versammlungen zu überwachen. Und
eine solche Behauptung wird ihnen gar nicht so unwahr=
scheinlich klingen; denn auch mir ist die Nachricht von
der sogenannten Bekehrung Wallenbergs ein wahres Räth=
sel; und wenn ich auch an der Thatsache seines äußeren
Uebertrittes nach dem Briefe, den unser Präsident vor=
hin erhalten hat, nicht mehr zweifeln kann, so glaube ich
doch durchaus noch nicht, daß es ihm mit seinem Schritte
wirklich Ernst ist. Wie Ihnen nun, meine Herren, be=
kannt ist, haben die ultramontanen Vereinler seit jeher
und besonders jetzt, wo ihnen die Regierung so scharf
auf die Finger sieht, den größten Abscheu gegen Spione.
Erinnern Sie sich daran, daß sie erst vor einem Jahre einen
der Spionage ihnen verdächtig scheinenden Tischler nicht sehr
sanft an die Luft gesetzt haben. Und wenn Wallenberg
von ihnen morgen Abend mit Eilpost auf die Straße

befördert würde, so würde er uns großen Dank wissen, wenn wir ihn dort aufläsen, und er hätte obendrein noch eine empfindliche Züchtigung für seinen versuch= ten Abfall erhalten. Was meinen die Herrn zu diesem Plane?"

„Herrlich, vortrefflich, köstlich," schrieen Alle durch= einander.

„Doctor, das hat Ihnen der erhabene Weltgeist ein= gegeben," rief Hebenfeld. „Nun spinnen Sie aber auch Ihren Plan ganz aus; wer soll denn die Ultramontanen mißtrauisch machen?"

„Das überlassen Sie mir," entgegnete Königsheim geheimnißvoll. „Ich erwarte aber, meine Herren, daß Sie bis morgen Abend das strengste Stillschweigen über unsere heutige Verhandlung beobachten."

„Auf Ehrenwort!" versicherten alle.

„Und ich will gerne die Rolle des Abbitters spielen," betheuerte Brodmann; „aber der nächste Jesuit, der mir in die Hände fällt, soll mir's entgelten."

„Dann aber seien Sie vorsichtiger, Brodmann, als diesesmal, damit Sie nicht wieder einen Unrechten erwi= schen;" gab Birkenstiel halb mahnend, halb scherzhaft zurück.

„Beim Janus und meiner Ehre," schrie der Fabrik= herr; „so was soll mir nicht wieder passiren."

„Nun gut, Brüder, jetzt ist also die Sache abgethan;" sprach der Präsident; „jetzt wollen wir wieder fröhlich sein. Wenn Alles gut abläuft, dann halten wir mit

Wallenberg einen Champagnerabend; und die Zeche will ich gerne bezahlen."

„Nichts da," rief Brodmann, „die Zeche bezahle ich; die Herren sollen mit mir zufrieden sein."

„Einverstanden, es gilt!" schrieen die andern lachend durcheinander. „Die Sache ist abgemacht."

Damit ging die Conversation auf ein anderes Thema über und die Gesellschaft trennte sich erst spät in der Nacht voll Freude über die schlau erdachte List.

Sechstes Kapitel.
Vereitelte Pläne.

In einem ziemlich großen Hause der „Bürgerstraße" zu
M. finden wir am folgenden Tage gegen 11 Uhr Vor=
mittags einen Mann in den dreißiger Jahren von gut=
müthigem Aussehen, frischer rother Gesichtsfarbe, lebendi=
gen Augen und mittelmäßiger Statur vor einem Schreib=
tische, der mit Geschäftsbüchern, Rechnungen, Briefen 2c.
bedeckt ist. Zuweilen springt er von seinem Sitze auf,
rennt einigemal durch's Zimmer, und murmelt für sich
hin: „das ist schön — das ist gut, — Wallenberg tritt
zu uns über; — herrlich, — ja, ja — es beginnt in
den Köpfen Licht zu werden; es wird besser — nur
Geduld." Dann setzt er sich wieder, schiebt die Brille
auf die Nase, ergreift ein Blatt Papier, liest halblaut
für sich hin und beginnt zu rechnen; allein kaum hat er
sich einige Minuten damit beschäftigt, da springt er aber=
mals auf und freut sich im Zimmer auf und abgehend
und sich die Hände reibend über Wallenbergs Bekehrung,
die er für ein epochemachendes Ereigniß ansieht.

Da klopft es plötzlich leise an seiner Thüre. Auf
sein lautes „Herein" tritt ein etwas fadenscheinig geklei=
deter, dem Anscheine nach in den dreißiger Jahren stehen=

der Mann in das Zimmer; und beginnt, während der andere noch an seiner Brille wischt, in fast flüsterndem Tone:

„Entschuldigen Sie gütigst, Herr Winterberg, wenn ich, ehe ich Ihnen den Grund meines Kommens entdecke, frage, ob wir hier vor jedem Lauscher sicher sind?"

Winterberg hatte jetzt endlich die Brille zurechtgesetzt, schaute den Fremden einen Augenblick an und fragte dann:

„Sind Sie nicht Privatcopist bei Herrn Justizrath Hebenfeld, und ist Ihr Name nicht Martin?"

„Bitte," entgegnete der Fremde erschreckend; „spre=chen Sie meinen Namen nicht zu laut aus; es könnte ihn Jemand hören, und dann wäre ich ein ruinirter Mann."

„Ei, ei, was bringen Sie mir denn?"

„Ach, Herr Winterberg, ich bin in einer schweren Gewissensnoth; ich bin durch Zufall Mitwisser eines ver=ruchten Planes — sind wir auch sicher, Herr Winter=berg?"

Winterberg horchte hoch auf; „verruchter Plan —" „Gewissensnoth —" diese Worte genügten, um seine Neugierde auf's Höchste zu erregen. Er lud also den geheimnißvollen Schreiber zum Sitzen ein, und fragte dann:

„Seien Sie unbesorgt, Herr Martin, reden Sie offen und frei!"

Martin sah sich nochmals furchtsam um und berich=tete dann Folgendes:

„Wie Sie wissen, Herr Winterberg, bin ich bei Herrn Justizrath Hebenfeld als Schreiber mit kümmerlichem Ge=

halt angestellt. Als mein Herr vor ein paar Jahren
vom heil. katholischen Glauben abfiel, und altkatholisch
wurde, da war ich im Begriffe seinen Dienst zu verlassen
und lieber mit den Meinen zu hungern, als einem Ke=
ger zu dienen. Nur nach langem schwerem Kampfe habe
ich mich entschlossen zu bleiben, um die Meinen nicht in's
Elend zu stürzen, ich blieb ja immer im Herzen meinem
katholischen Glauben treu, und wo ich böse Anschläge ver=
hindern konnte, that ich es. Ein paarmal hat jetzt He=
benfeld gemerkt, welches meine Gesinnung sei, und hat
mir deßhalb vor Kurzem gedroht, mich beim geringsten
Verstoße aus seinem Dienste zu jagen. Hätte ich nur
nicht so gute Augen und Ohren! Allein gestern habe ich
auf einmal durch einen Zufall einen Plan entdeckt, den
mein Herr mit seinen Genossen gefaßt hat, um unsern
so segensreich wirkenden katholischen Verein zu verderben."

Winterberg sprang erschrocken vom Stuhle auf.

„Unseren Verein verderben?" rief er,

„Ja wohl," entgegnete Martin.

„Aber, so sprechen Sie doch, wie denn? was hat
man denn vor, lieber Herr Martin?"

„Der Plan, den die Altkatholiken ausgeheckt haben,
ist so schlau und boshaft, daß man an sein Vorhanden=
sein vielleicht gar nicht glauben und uns auslachen wird,
wenn wir ihn enthüllen und Gegenmaßregeln treffen wol=
len, ja daß Sie, Herr Winterberg, vielleicht selbst mir
nicht glauben werden."

„Was mich betrifft, lieber Herr Martin," entgegnete
Winterberg eifrig, „so können Sie vollkommen ruhig sein.
Ich weiß zu gut, wessen wir Katholiken uns von unseren

Gegnern zu versehen haben. Und der Name Winterberg hat unter den Katholiken noch so guten Klang, daß man seinem Träger schon etwas glaubt. Also nur heraus mit dem, was Sie wissen, ohne Scheu, ich brenne vor Begierde, unsern Feinden das schlau angelegte Spiel zu verderben."

„Aber ehe ich weiter rede, Herr Winterberg, noch eine Bedingung. Sie dürfen nie meinen Namen nennen; es muß durchaus verborgen bleiben, wer den höllischen Plan enthüllt hat. Ich wäre verloren, wenn es herauskäme, daß ich bei Ihnen gewesen bin."

„Auf mein Ehrenwort, Herr Martin, ich werde schweigen, wie das Grab."

„Ich wußte, daß Sie verschwiegen sind, Herr Winterberg; deshalb habe ich mich gerade an Sie gewendet; bei keinem anderen hätte ich mich sicher gefühlt."

Winterberg nickte beifällig zustimmend mit dem Kopfe.

„So hören Sie denn jetzt; man wird einen Altkatholiken, einen Verräther als Mitglied des Vereines aufnehmen lassen; damit er alle Verhandlungen belausche, Zwietracht unter den Vereinsmitgliedern hervorrufe; durch aufreizende Reden die Polizei herausfordere, auf daß der Verein von der Regierung geschlossen werde."

„Bah!" bemerkte Winterberg, „einen Altkatholiken als Mitglied des Vereines aufnehmen. Das möchte ich denn doch mit eigenen Augen ansehen. So lange ein Winterberg noch ein Wort mitzureden hat, wird das nie geschehen."

„Und doch, wenn Herr Winterberg nicht Alles aufbietet, wird das Unglaubliche geschehen; heute Abend wird ein Spion, ein Altkatholik, der die Rolle des Bekehrten spielt, in den katholischen Verein aufgenommen werden. Wenn Sie nicht noch in letzter Stunde den Heuchler ent= larven, so wird der Altkatholik Wallenberg heute Abend Mitglied des katholischen Männervereins von M. sein?"

Bei diesen Worten sprang Winterberg von seinem Sitze auf, ging einigemal hastig durch die Stube und fragte dann, sich vor den Schreiber hinstellend, erregt:

"Herr Martin, sprechen Sie die Wahrheit? Wallen= berg ein Heuchler, ein Verräther?"

"Er ist's," entgegnete Martin mit fester Stimme. "Haben Sie seine Bekehrung gesehen? Wo hat er sich bekehrt? Warum nicht hier? Hat er nicht noch vor Kur= zem, noch am letzten Tage vor seiner Abreise an der alt= katholischen Versammlung im „Russischen Hofe" theilge= nommen?"

"War denn Wallenberg auf Reisen?"

"Ah, ich sehe, Sie sind über die Sachlage noch nicht hinreichend unterrichtet!"

"Ich weiß nur, daß auf Anordnung des Herrn Pfar= rers als Präsidenten unseres Vereines heute Abend Ver= sammlung sein soll, in welcher der Vicepräsident, Herr Kohle, Herrn Wallenberg, der vom Altkatholizismus zu= rückgetreten, als neues Mitglied in den Verein einfüh= ren soll."

"Ach ja, dann verstehe ich Ihr Staunen," erwiederte der Schreiber; "nun hören Sie das Nähere. Als Kull= mann das Attentat auf den Fürsten Bismark machte, da beschloß man im „Russischen Hofe," Rache zu nehmen und den katholischen Verein, der den Altkatholiken natür=

lich ein Dorn im Auge ist, zu vernichten. Der Plan, den man aussann, ist der Folgende. Wallenberg, der schon seit Jahren keine Kirche mehr besucht, sollte einige Tage auf Reisen gehen, dann wieder zurückkehren, als „Bekehrter" den Herrn Pfarrer besuchen, ihn um Aufnahme in unsern katholischen Verein bitten, um diesen dann auf die vorhin von mir auseinander gesetzte Weise binnen Kurzem zu Grunde zu richten."

„Teuflisch, wahrhaft teuflisch," rief jetzt Winterberg entrüstet. „In der That, das hätte ich nicht für möglich gehalten. Wie sollen wir Ihnen diesen Dienst vergelten, lieber Herr Martin? Aber ich will den Heuchler entlarven. Sie sollen sehen, wie wir den Verräther aufnehmen. Gleich will ich fort zu Kohle!"

„Nein, nein," entgegnete der Schreiber anscheinend ängstlich. „Thun Sie vor heute Abend 4 Uhr keine Schritte, Herr Winterberg; man könnte sonst an mich denken, und dann wäre ich ein ruinirter Mann."

„Aber den Herrn Pfarrer darf ich doch von dem Betruge in Kenntniß setzen?"

„Auch das nicht; der Herr Pfarrer hat sich in seiner Herzensgüte schon zu sehr von Wallenberg einnehmen lassen. Er würde in Zorn gerathen, nach demjenigen forschen, der die Sache an's Tageslicht gebracht, und dann, wehe mir! Aber ich will Ihnen einen anderen Rath geben, der Sie besser zum Ziele führen wird. Nöthigen Sie diesen Wallenberg heute Abend unverrichteter Dinge in den „Russischen Hof" zurückzukehren; so daß er mit Schimpf und Schande bedeckt abziehen muß."

„Aber wie das fertig bringen?" fragte Winterberg.

„Nichts leichter, als das;" entgegnete der Andere. „Gehen Sie nach 4 Uhr rasch zu den einzelnen Vereins=
mitgliedern, und theilen Sie ihnen den ganzen Plan unter der Bedingung mit, daß sie vor 8 Uhr strenges Stillschweigen über die Sache beobachten, und bewegen Sie dieselben, recht zahlreich zu erscheinen. Wenn dann Herr Kohle mit Wallenberg eintritt, um ihn aufzuneh=
men, so protestiren Sie sämmtlich gegen seine Aufnahme, und verlassen, wenn er die Stirne haben sollte, trotzdem zu bleiben, ohne Weiteres den Saal. Dann muß er be=
schämt in den „Russischen Hof" zurückkehren."

„Vortrefflich," rief Winterberg, sich froh die Hände reibend; „wie soll ich Ihnen, lieber Herr Martin, für die Dienste, die Sie uns leisten, Dank sagen? Welch' ab=
scheulicher Plan? Wie teuflisch? Ich hätte diesen Wallen=
berg doch nie solcher Hinterlist und Verstellung fähig ge=
halten. Aber er soll es büßen. Sie sollen Ihre Freude an uns haben, Herr Martin, nochmals herzlichen Dank."

„Ich erwarte meinen Lohn anderswo," antwortete der Schreiber doppelsinnig, indem er sich zum Fortgehen anschickte. „Aber nochmals empfehle ich Ihnen strenges Stillschweigen in Betreff meiner Person; machen Sie mich nicht durch eine Unvorsichtigkeit unglücklich."

„Keine Sorgen, mein Freund," entgegnete Winter=
berg, dem Schreiber zum Abschiede die Hand drückend. „Sie haben mein Ehrenwort."

„Das genügt mir vollkommen," sprach der Schreiber, sich unter der Thüre noch tief verneigend; „Gott wolle Ihre Bemühungen für das Wohl seiner heiligen Kirche segnen." Dann drehte er sich um, schloß die Thüre und murmelte höhnisch: „Das wäre in Ordnung; der Herr wird seinen Diener loben. Die zwanzig Mark waren rasch verdient. Es wird einen Höllenlärm geben; und Katholiken und Altkatholiken werden mich zu den Ihrigen zählen. Es geht doch nichts über ein bischen Schlauheit."

Herr Winterberg war überglücklich in dem Gedanken, der Retter des katholischen Vereines geworden zu sein. Er gehörte zu jenen Charakteren, an welchen unsere Zeit nicht arm ist, die voll von Eifer für den Glauben und die Kirche sich in jedem Augenblicke für die verschiedensten Projecte begeistern können, und auch sogleich bereit sind, Hand an's Werk zu legen, ohne sich je die Mühe zu nehmen, ihre Pläne ganz auszudenken, alle Consequenzen ihrer Schritte im Voraus zu ziehen, ein Mittel dem andern anzupassen und die günstige Zeit für jede ihrer Handlungen in geduldiger Berechnung abzuwarten. Winterberg war ein reicher, unverheiratheter Eisenhändler, der von Kindheit an für alles Gute begeistert, mit zu den wohlthätigsten Katholiken von M. zählte. Wenn es galt, eine Noth zu lindern, Armen zu helfen, eine Collecte zu halten, da stand er stets an der Spitze; sein Name eröffnete gewöhnlich die Subscriptionslisten mit bedeutenden Summen. Er suchte die Armen in ihren Hütten auf, tröstete sie, brachte ihnen Nahrung und Kleidung, versorgte hülflose Kinder; kurz, wo es galt, etwas Gutes zu wirken, da konnte man sicher sein, Winterberg betheiligt zu sehen. Dabei war er unermüdlich thätig für Vereine, Versammlungen, wobei ihm seine ansehnliche Rednergabe sehr zu Statten kam, und führte ein

höchst erbauliches Leben, so daß er in allen katholischen
Kreisen sehr beliebt war. Allein bei all' diesen herrli=
chen Eigenschaften, die richtig angewendet ihn wahrhaft
zu einem Werkzeuge des Herrn hätten machen müssen,
hatte er den großen Fehler, daß er häufig, wenn auch
mit der besten Absicht von der Welt, höchst unüberlegt
handelte und durch seine stürmische Beredsamkeit und sein
unablässiges Drängen seine Vereinsgenossen zu ganz und
gar nutzlosen und gefährlichen Handlungen fortriß, wenn
der greise und erfahrene Pfarrer nicht noch zeitig in
Kenntniß gesetzt, seinen Plänen entgegentrat. So war
es ihm auch wieder mit dem Schreiber des Justizrathes
ergangen. Anfangs voll der überschwenglichsten Hoffnun=
gen, welche seine erfinderische Phantasie an den plötzlichen
Uebertritt Wallenbergs knüpfte, hatte er sich ebenso rasch
wieder, wie es Phantasiemenschen zu thun pflegen, auf
die entgegengesetzte Seite geschlagen, und den ungeschickten
und boshaften Verdächtigungen des Schreibers Glauben
geschenkt, während eine auch nur gewöhnliche Aufmerksam=
keit ihm die innere Haltlosigkeit der Beschuldigung hätte
offenbaren müssen. Allein an langes Nachdenken hatte
Winterberg sich, wie schon bemerkt, nie gewöhnt, weshalb
auch die altkatholische Gesellschaft im „Russischen Hofe",
oder vielmehr, der schlaue Dr. Königsheim im Vereine
mit dem Präsidenten Hebenfeld ihr Auge auf ihn gewor=
fen hatten, und ihrem Werkzeuge, dem justizräthlichen
Schreiber der Gimpelfang auch ohne große Mühe gelun=
gen war. Dadurch aber, daß Winterberg sich noch gar
dem Pfarrer gegenüber den Mund hatte schließen lassen,
obwohl ihn der gesunde Menschenverstand zuerst zu ihm

als demjenigen hätte führen müssen, der am besten über die in Zweifel gezogene Aufrichtigkeit der Bekehrung Wallenbergs Aufschluß geben konnte, war er ganz und gar seiner eigenen Phantasie überlassen, die ihm jetzt die ganze angebliche Verschwörung schon in so entsetzlichen Farben ausmalte, daß der Schreiber selbst vielleicht, hätte er ihn gehört, seine eigene Erzählung nicht mehr wieder erkannt hätte.

Der Nachmittag schien dem Eisenhändler unerträglich lang, die Minuten dünkten ihm eben so viele Stunden zu sein, und er brannte vor Begierde, seinen Rundgang bei den Vereinsgenossen zu beginnen, um den Operations=plan gegen den vermeintlichen Verräther und Spion mit ihnen abzusprechen. Endlich schlug die Thurmglocke 4, und sofort machte er sich auf den Weg. Der erste, den er aufsuchte, war ein reicher Kaufmann, der ihm auch ohne Weiteres seine Hilfe zusagte, da auch ihm, wie er sich aussprach, diese Bekehrung doch gar zu sonderbar vorgekommen war. Auf seine Frage, woher Winterberg denn das Geheimniß habe, zwinkerte dieser bedeutungs=voll mit den Augen, legte den Finger auf den Mund und erwiederte leise, daß darüber die tiefste Verschwiegen=heit gewahrt werden müsse. Dann entfernte er sich, nach=dem der Kaufmann noch die Versicherung gegeben hatte, etwas vor 8 Uhr, der zur Versammlung anberaumten Stunde, erscheinen zu wollen. Von da ging Winterberg zu einem sehr braven Photographen, der anfangs die Nachricht von der angeblichen Verrätherrolle Wallenbergs nicht glauben wollte, und sich erst zur Mitwirkung ent=schloß, als Winterberg ihm hoch und theuer versicherte,

die Nachricht von ganz zuverläßiger Seite erhalten zu
haben. Von dem Photographen sich verabschiedend be=
suchte der Eisenhändler sodann eine ganze Anzahl von
Handwerkern, bei denen er leichteres Spiel hatte. Die
braven Leute betrachteten alles Altkatholische, zumal es
von Leuten, die ihrem Stande fremd waren, ausging, mit
mißtrauischen Blicken. Und da sie bei den so häufig
vorgekommenen Schließungen katholischer Vereine auch für
den ihrigen fürchteten, so waren sie gleich bereit, nach
Kräften für denselben einzutreten und dem Verräther den
Eintritt unmöglich zu machen. Bei einigen angeseheneren
Mitgliedern des Vereines fand Winterberg zwar Glau=
ben, aber er vermochte sie nicht dazu, am Abende zu er=
scheinen; sie wollten wegbleiben, und die Scene sich ab=
wickeln lassen. Mit diesen Besuchen verstrich allmälig
die Zeit und gegen 7½ Uhr kam Winterberg ganz er=
schöpft und müde, aber im stolzen Bewußtsein, der katho=
lischen Sache einen wichtigen Dienst geleistet zu haben, in
seinem Hause an, um rasch etwas zu sich zu nehmen
und sodann nach dem Vereinslocale zu eilen, wo er seine
Getreuen in ziemlicher Anzahl versammelt fand, um den
großen Schlag gegen den Altkatholizismus auszuführen.
Die guten Männer standen in einzelnen Gruppen bei=
sammen und überlegten, wie sie ihre Absicht, den Spion
fern zu halten, am besten ausführen könnten. Einige
jüngere wollten Gewalt anwenden; allein die Besonne=
neren hielten zurück und meinten, man solle Wallenberg
ruhig eintreten lassen und sofort den Vicepräsidenten Kohle
von ihrem Beschlusse in Kenntniß setzen, daß sie unter
keinen Umständen in die Aufnahme Wallenbergs einwilli=

gen würden; falls aber der Vicepräsident ihnen keinen
Glauben schenken und trotz ihres Protestes versuchen
würde, Wallenberg einzuführen, dann solle einer aus
ihnen Wallenberg selbst erklären, daß man ihn als einen
von seiner Kirche abgefallenen Menschen in den Verein
nicht aufnehmen könne, und daß die sämmtlichen Mit=
glieder, falls er nicht sofort das Local verlasse, sich ohne
Weiteres entfernen würden. Dieser Plan fand dann
auch allseitigen Beifall; und so setzte man sich nieder,
um Wallenbergs Ankunft zu erwarten.

Während dies in dem katholischen Vereinslocale vor
sich ging, machte sich Wallenberg, nicht ohne einige innere
Unruhe, auf den Weg zu dem Vicepräsidenten des Verei=
nes, Herrn Kohle, um sich von ihm bei seinen Glaubens=
genossen vorstellen zu lassen. Er hatte, nachdem er aus
der Druckerei in sein Haus zurückgekehrt war, den Rest
des Tages damit zugebracht, an seinen edlen Freund, den
Decan Rentlitz, einen langen Brief zu schreiben, in wel=
chem er demselben seine Erlebnisse im Kloster Friedenthal,
seine Rückkehr nach M., seinen Besuch beim Pfarrer
u. s. w. mittheilte. Am Schlusse hatte er seinem Freunde
in rührenden Worten' das Glück und den inneren Seelen=
frieden geschildert, dessen er sich jetzt erfreue, und ihn um
sein Gebet ersucht, damit er standhaft seine gefaßten gu=
ten Vorsätze ausführe. Der folgende Tag, an welchem
er in den Verein eingeführt werden sollte, verfloß ruhig;
er suchte die Spuren seines früheren Lebens in seinem
Hause immer mehr zu verwischen, und holte die Gebet=
und Erbauungsbücher seiner verstorbenen Eltern hervor,
in welchen er mit größter Freude viele Lehren und Er=

11*

mahnungen wiederfand, die er als Kind aus ihrem Munde
vernommen hatte. Die alte Dienerin nahm aus voll=
stem Herzen an dem Glücke ihres jungen Herrn Antheil
und trippelte seelenvergnügt im Hause umher. Endlich
kam die Stunde, in welcher er sich nach der Weisung des
Pfarrers zu dem Vicepräsidenten des Vereines begeben
sollte. Obwohl er von den gegen ihn gerichteten Machi=
nationen seiner früheren Genossen keine Ahnung hatte,
so fühlte er doch in seinem Innern eine gewisse Beklom=
menheit; sollte er ja doch jetzt zum erstenmale persönlich
seine Bekehrung vor vielen Personen kundgeben.

Der Vicepräsident des Vereines nahm ihn mit der
liebevollsten Freundlichkeit auf; erzählte ihm von der Ge=
selligkeit, welche in ihrem Vereine herrsche, sagte ihm, daß
er mit der größten Herzlichkeit aufgenommen werden
würde und benahm ihm dadurch allmälig seine Furcht
und Befangenheit.

So gelangten sie zum Vereinshause, stiegen die hell=
erleuchtete Treppe hinauf und traten in den Saal. Die
Tische waren größtentheils besetzt; aber kein Mensch er=
hob sich bei ihrem Eintritte; es entstand eine tiefe pein=
liche Stille. Kohle, über dieses Verhalten in hohem Grade
befremdet, führte Wallenberg, den seine anfängliche Be=
klommenheit sofort wieder befallen hatte, zu einem leer=
stehenden Tische und bat ihn Platz zu nehmen. Dann
wollte er in die Mitte des Saales treten, um im Auf=
trage des Pfarrers, als des Präsidenten, die Aufnahme
Wallenbergs anzumelden und zu fragen, ob Jemand etwas
dagegen einzuwenden habe. Allein ehe er noch ein Wort
sprechen konnte, eilte Winterberg auf ihn zu und zog ihn

so rasch in ein Seitencabinet, daß er fast ohne zu wis=
sen, was er that, dem Eisenhändler in das Zimmer folgte.
Dort aber angekommen, fragte er halb erstaunt, halb
ärgerlich:

„Aber Winterberg, was soll denn das heißen, was
haben Sie denn vor? Lassen Sie mich doch zu Herrn
Wallenberg in den Saal zurückkehren, und ihn als neues
Vereinsmitglied der Gesellschaft vorstellen."

„Um Alles in der Welt nicht, Herr Vicepräsident,"
entgegnete Winterberg erregt; „der Herr Pfarrer ist
schändlich hintergangen worden. Wallenberg ist ein Heuch=
ler, der von seinen altkatholischen Genossen als Spion
ausgesandt wurde, um unsere Versammlungen zu über=
wachen, Zwietracht zwischen uns zu säen und den Verein
zu Grunde zu richten."

„Sie sind nicht recht bei Troste, Winterberg," ent=
gegnete Kohle ärgerlich; hätten Sie nur einige Worte
mit Herrn Wallenberg gesprochen, so würden Sie ein=
sehen, daß Sie der Betrogene sind; wenn Jemand auf=
richtig gesinnt ist und sich von Herzen unserer Kirche
zugewendet hat, so ist es Wallenberg. Von wem haben
Sie denn diese sonderbare Nachricht?"

„Das kann und darf ich Ihnen nicht sagen und ist
auch zur Sache gleichgültig; es möge Ihnen genügen,
daß ich die Nachricht von zuverläßigster Seite habe; von
einer Seite, die nicht das mindeste Interesse haben kann,
weil jede Entdeckung ihr großen Schaden zufügen würde.
Der Betreffende fühlte sich im Gewissen verpflichtet, mich
von dem Plane unserer Gegner in Kenntniß zu setzen."

„Aber warum kamen Sie nicht vor der Versamm=
lung zu mir oder gingen zum Herrn Pfarrer? Jetzt ist's
zu spät; ich werde Herrn Wallenberg vorstellen; ist er
in der That ein Verräther, so wird es sich bald zeigen.
Ist er es aber, wie ich fest überzeugt bin, nicht, so hat
unser Verein ein neues tüchtiges Mitglied erworben, was
uns allen nur angenehm sein kann. Mag aber die Sache
liegen, wie sie will, wir dürfen Herrn Wallenberg jetzt
nicht allein im Zimmer sitzen lassen. Sie hätten früher
Ihre Bedenken vortragen sollen. Jetzt ist's zu spät.
Ich stelle ihn vor."

Damit wollte Kohle in den Saal zurückkehren; aber
Winterberg, wieder ängstlich und unschlüssig geworden, hielt
ihn zurück.

„Hören Sie mich noch einen Augenblick, Kohle. Sie
haben also mit dem Herrn Wallenberg gesprochen und
aus dieser Unterredung die Ueberzeugung geschöpft, daß
er es aufrichtig meint; und der Herr Pfarrer, der eben=
falls Herrn Wallenberg gesprochen, ist der gleichen An=
sicht?"

„Freilich! wem kann denn eine solche Intrigue, wie
man sie Ihnen zugebracht, auch nur in den Sinn
kommen?"

„Aber es wurde mir so fest versichert."

„Nun gut, mag sein; ich kümmere mich nicht darum;
ich übernehme es auf meine Verantwortung."

„Es wird einen Scandal geben."

„Einen Scandal?"

„Der ganze Verein wird gegen die Aufnahme Wal=
lenbergs protestiren und ihn abweisen!"

„Warum? wie so? weiß man denn?"

„Nun ja, weil ich an der Nachricht, die mir mitge=
theilt wurde, nicht zweifelte, habe ich meine Ansichten den
meisten Vereinsmitgliedern mitgetheilt, und —"

„Und also, ohne mir oder dem Herrn Pfarrer auch
nur eine Sylbe zu sagen, auf eigene Faust eine Verab=
redung mit den Uebrigen getroffen; nein, Winterberg, das
ist zu arg; lassen Sie mich — Sie mögen es verant=
worten, ich erfülle meinen Auftrag."

„Kohle, um Gotteswillen —"

„Reden Sie, was Sie wollen; jetzt ist's genug; so ein
Benehmen; ich werde thun, was meines Amtes ist und
die Leute aufklären."

In diesem Augenblicke hörte man im Saale Lärm
und laute Stimmen.

Winterberg wechselte die Farbe.

„Da haben wir es schon!" rief er, den Vicepräsiden=
ten ängstlich anschauend.

Dieser aber achtete nicht mehr auf ihn, sondern eilte
in den Saal zurück, wo er die Vereinsmitglieder erregt
bei einander stehen sah, während Wallenberg gerade todten=
bleich den Saal verließ. Als Kohle unter dem peinli=
chen Schweigen der ganzen Gesellschaft mit Winterberg
in das Nebenzimmer getreten war, befand sich Wallen=
berg, wie der Leser leicht begreift, in der größten Ver=
legenheit allein an dem Tische, zu welchem er geführt
worden war.

Ein paar Minuten saß er so mit niedergeschlagenen
Augen da; da vernahm er Geflüster; er blickte auf und sah,
wie die Anwesenden die Köpfe zusammensteckten, und auf ihn

schauten. Seine Verlegenheit stieg dadurch natürlich nur noch höher. Endlich aber, als ihm das Schweigen un= erträglich wurde, faßte er sich ein Herz, ging auf den ihm zunächststehenden Tisch zu und wollte sich mit mög= lichst freundlichem Lächeln auf einen noch leerstehenden Stuhl setzen.

„Entschuldigen Sie, meine Herrn," sagte er den Stuhl erfassend, „es ist mir sehr angenehm, mich in der Gesellschaft —"

Er konnte seinen Satz nicht vollenden; denn kaum war er dem Tische nahe getreten, da erhoben sich die an ihm sitzenden, meist jüngeren Vereinsglieder und mit ihnen alle Anwesenden von ihren Stühlen. Wallenberg fuhr erschreckt zusammen, als er überall drohende Augen auf sich gerichtet sah.

Er wollte eine Erklärung vorbringen; allein ehe er noch den Mund öffnen konnte, erscholl eine Stimme von einem der Tische:

„Wir wollen keinen Altkatholiken in unserer Mitte."

„Nein, das dulden wir nicht;" riefen viele durch= einander.

Wallenberg erblaßte. Was sollte er beginnen?

„Aber, meine Herrn, ich bin ja kein Mitglied der altkatholischen Secte mehr," erwiederte er zagend.

Jedoch seine Worte verhallten bei der allgemeinen Unruhe und dem Murren der Männer, welches mit jedem Augenblicke heftiger wurde. Da trat ein etwas älteres Mitglied des Vereines hervor und sagte ihm fast im Tone des Mitleidens:

„Ich bitte Sie, Herr Wallenberg, den Saal zu ver=
lassen. Sie sehen ja die Stimmung dieser Männer hier;
bitte, ersparen Sie uns doch unangenehme Scenen."

Da drehte sich Wallenberg, blaß wie eine Leiche, um,
nahm seinen Hut und verließ den Saal.

In diesem Augenblicke kehrte aber auch der Vicepräsi=
sident mit dem Eisenhändler wieder zurück und rief beim
Anblicke der Verwirrung zu den noch immer murrenden
Gruppen gewendet: „Leute, was ist hier vorgegangen?"

„Der Verräther, der Spion hat sich entfernt;" tönte
es von allen Seiten. „Er hatte die Kühnheit, sich zu
uns an den Tisch zu setzen; da haben wir ihm zugeru=
fen, daß wir keinen Altkatholiken in unserer Mitte
dulden."

„Aber, um Gotteswillen, Wallenberg ist ja nicht
mehr Altkatholik."

„Doch, doch, Herr Winterberg weiß es, daß er nur
Spionsdienste versehen will."

„Was haben Sie jetzt angerichtet, Winterberg? wandte
sich Kohle in vorwurfsvollem Tone an den Eisenhändler.

„Ja, aber mein Gewährsmann versicherte mir so hoch
und heilig —"

„So mußten Sie aber doch, wie ich Ihnen schon
mehrmals sagte, zu allererst dem Herrn Pfarrer und mir
die Nachricht mittheilen. Wie konnten Sie so auf eigene
Faust handeln? Was wird der Herr Pfarrer sagen, wenn
er von dem Vorgefallenen hört? Da, da ist er schon
selbst."

In der That, wurde im nemlichen Augenblicke die
Thüre geräuschvoll aufgestoßen und der greise Pfarrer

trat mit allen Zeichen einer großen Gemüthsaufregung in den Saal. Sein Auge überflog die Reihen der Männer; er schien den Gesuchten nicht zu finden und fragte hastig:

„Wo ist Herr Wallenberg? Was ist vorgefallen? Ist der Anschlag gelungen? Herr Vicepräsident, was ist hier vorgegangen? Wo ist Herr Wallenberg?"

Jetzt wurde es auf einmal stille im Saale. Einer blickte den andern verlegen an, Winterberg aber zog sich in die hinterste Reihe zurück, während Kohle mit fliegenden Worten das Vorgefallene erzählte. Die Augen des alten Mannes funkelten vor Entrüstung.

„Herr Winterberg," rief er laut, „Sie sind das Opfer einer schändlichen Täuschung geworden und Sie haben einen edlen braven Katholiken tödtlich beleidigt. Wie konnten Sie so auf eigene Faust vorgehen?"

„Meine Herrn," wandte er sich dann zu den Umstehenden, „ich habe mit Herrn Wallenberg verkehrt, ich weiß es, daß er mit ganzer Seele zur heiligen Kirche zurückgekehrt ist."

„Das habe ich auch immer behauptet," betheuerte der Vicepräsident.

„Im „Russischen Hofe" aber," fuhr der Pfarrer fort, „hat man den Plan ausgesponnen, Wallenberg wieder abtrünnig zu machen und zwar dadurch, daß man Sie, meine Herrn, gegen ihn einzunehmen und ihn als Spion zu verdächtigen suchte, damit er von Ihnen zurückgewiesen, zu seinen ehemaligen Genossen zurückkehre. Während wir hier versammelt sind, während Sie in die Falle gehen und einen edlen Katholiken, der mit glühender

Liebe an feiner Kirche hängt, tödtlich beleidigen, figen
unfere Gegner in ihrem Locale und jubeln und freuen
fich, daß ihnen ihre Lift fo wohl gelungen. Das find
die Nachrichten, die mir eben und zwar aus ficherfter
Quelle zugegangen find. Deshalb auf, machen wir das
gefchehene Unrecht wieder gut. Wer ift bereit, mit mir
zu gehen, um Herrn Wallenberg aufzufuchen und ihn
als Mitglied mit Ehren wieder hierher zurückzuführen?"

Bei diefen mit größter Entfchiedenheit von dem Pfarrer gefprochenen Worten konnten die verfammelten Männer nicht mehr länger an der Wahrheit der Bekehrung
Wallenbergs zweifeln, fie begriffen das Unrecht, das fie
begangen, und erboten fich fofort insgefammt, allen voran
aber Winterberg, den Pfarrer auf feinem Gange zu begleiten.

Gutmüthig in hohem Grade und von großer Liebe
zu feiner Kirche ftets erfüllt, hatte Winterberg fofort,
nachdem er feinen Fehltritt erkannt, die tieffte Reue gefühlt, und trug auch kein Bedenken, diefelbe offen an den
Tag zu legen. Er bat und drängte daher fo lange, bis
der Pfarrer, der nur zwei Glieder des Vereines mitneh-
men wollte, außer dem Vicepräfidenten noch ihn zu feinem Begleiter wählte. So zogen fie dann, während die
übrigen Männer im Locale verfammelt blieben, aus, um
den fchwer gekränkten jungen Mann zurückzuführen.

Sehen wir uns indeffen nach Wallenberg um. Die
Beleidigung, die ihm widerfahren, die fchnöde Behandlung, mit welcher er vom Vereine abgewiefen worden
war, hatte ihn auf's Tieffte verletzt. Er war mit der
ganzen Liebe eines Neubekehrten, der in feinem heiligen,

glühenden Eifer für die Kirche allen Anderen nach seinem eigenen Herzen bemißt, zu diesem katholischen Vereine ge= gangen. Daher hatte das Mißtrauen, mit welchem man ihn aufgenommen, die zornige Entrüstung, mit der man seine doch so gut gemeinten Annäherungsversuche zurück= gewiesen, in den ersten Augenblicken eine ganz betäubende Wirkung auf ihn hervorgebracht und als er den Saal verließ, blitzte der Gedanke durch seinen Kopf: „Nun, wenn die, welchen du dich anschließen wolltest und die dich lieben sollten, dich von sich stoßen, warum dann nicht wieder zu denjenigen zurückkehren, bei welchen du bisher stets eine freundliche Aufnahme gefunden hast."

„Nach dieser Scene", so flüsterte ihm der Versucher weiter ein, „kannst du mit Ehren nicht mehr in diese katholische Gesellschaft zurückkehren; du hast Alles gethan, was du thun konntest, niemand kann dir einen Vorwurf machen, wenn du dich ganz von ihnen abwendest. Wer bin ich? dachte Wallenberg weiter, ein reicher Mann, der Sohn angesehener Eltern. Die, welche mich schnöde von sich gewiesen, sind größtentheils arme Handwerker, gewöhnliche Bürger; sie werden sich rühmen, mich von sich gestoßen und verachtet zu haben. Diese Schmach ist zu groß; es gibt nur ein Mittel dieselbe abzuwaschen, und dies Mit= tel besteht darin, daß ich mich jetzt ganz auf die feind= liche Seite stelle und denen, die meine Liebe verachtet haben, zeige, was meine Feindschaft vermag."

Diese und ähnliche Gedanken kreuzten sich blitzschnell in seinem Geiste; und wer das menschliche Herz kennt und die Gewalt, welche der Stolz über dasselbe ausübt, der vermag sich es leicht zu erklären, wie sie in dem

Innern des jungen Mannes entstehen konnten. Aber
es waren bloß Versuchungen, die in seinem Herzen kei=
nen Raum gewinnen konnten. In den Tagen der Zu=
rückgezogenheit im Kloster Friedenthal hatte er die Ver=
worfenheit seines vergangenen Lebens zu klar erkannt,
als daß er auch nur einen Augenblick an die Rückkehr
zu diesem für ihn so verabscheuungswürdigen Leben ernst=
haft hätte denken können. In Friedenthal hatte er un=
ter der Leitung eines seeleneifrigen Beichtvaters des weit
und breit bekannten P. Theodosius die nie versiegende
Quelle des Trostes in allen Leiden, das unüberwindliche
Schutzmittel gegen alle Versuchungen gefunden und lieb
gewonnen, und deshalb eilte er ohne sich zu besinnen,
ohne auf die Stimme des Versuchers zu achten, zu der
nahen Kirche, um dort in einer angebauten stets offenen
Halle, in welcher sich ein großes Missionskreuz erhebt,
im Gebete Schutz und Trost zu suchen. Je näher er
der Kirche kam, desto mehr beeilte er seine Schritte; er
trat in die Halle, kniete nieder, bedeckte das Angesicht
mit beiden Händen und dann brach ein Strom von
Thränen aus seinen Augen, während sein Mund die
Worte hervorstieß:

„Dank, Dank, mein gekreuzigter Heiland, für diese
Schmach, die ich für meine Sünden tausendmal verdient
habe. Ich will sie gerne und freudig leiden; aber von
dir mich trennen, deine Gnade verlieren; nie und nimmer=
mehr.“

Unter Weinen und Gebeten wurde er allmälig ruhiger,
und wenn auch noch von Zeit zu Zeit bei der Erinner=
ung an die ihm angethane Schmach ein jäher Schmerz

ihn durchzuckte, so waren diese Regungen doch bald nieder=
gekämpft; sie glichen dem gefahrlosen Wetterleuchten, wel=
ches blitzartig den Horizont erhellt, wenn das Gewitter
sich entladen hat; der Kampf, die Versuchung war sieg=
reich überwunden.

Unterdessen waren die beiden Heerlager, welche um
Wallenbergs Besitz sich stritten, nicht müßig gewesen. Die
Gesellschaft im „Russischen Hofe," von dem Besuche des
Schreibers bei Winterberg in Kenntniß gesetzt, harrte
erwartungsvoll des Ausganges. Endlich kam die am
katholischen Vereinshause aufgestellte Wache athemlos heran=
gestürzt mit der triumphirenden Meldung, daß der Streich
gelungen sei, und Wallenberg vor Kurzem todtenblaß
und in sichtlich hoher Gemüthserregung das Vereinslocal
verlassen habe. Sofort erhoben sich Brodmann und Kö=
nigsheim, um den Versuch zu machen, Wallenberg in
diesem entscheidenden Augenblicke zum Abfalle und zur
Wiederkehr in den „Russischen Hof" zu verleiten. In
der festen Meinung, Wallenberg sei in seine Wohnung
zurückgekehrt, begaben sie sich dorthin und beschlossen, als
die alte Dienerin ihnen erklärte, daß ihr Herr noch nicht
zurückgekehrt sei, denselben, um ja sicher zu gehen, in sei=
nem Hause zu erwarten; ein Vorhaben, gegen welches
die alte Margarethe, da sie wußte, daß ihr Herr mit Dr.
Königsheim bekannt sei, nichts zu erinnern fand.

Der Pfarrer aber, der Wallenberg besser kannte und
als alter Seelsorger sich viel leichter in seinen Gemüthszu=
stand hineindenken konnte, begab sich mit seinen zwei Ge=
fährten nicht zuerst zur Wohnung seines jungen Freun=
des, sondern eilte ohne Weiteres zur Kirche. Als seine

Begleiter ihm ihre Besorgnisse äußerten, ob Wallenberg, so tief im Innersten seiner Gefühle verletzt, ihnen auch nur Gehör schenken werde und als Winterberg in seinem gewohnten Feuereifer erklärte, er werde sich Wallenberg zu Füßen werfen und ihn für das ihm angethane Unrecht um Verzeihung bitten, entgegnete der Pfarrer lächelnd: „Machen Sie sich um Wallenberg keine unnöthigen Sorgen, meine Herrn; da wo wir Wallenberg jetzt suchen, werden wir ihn auch finden; dort hat er in wenigen Augenblicken mehr Trost gefunden, als alle Menschen zusammen ihm gewähren können. Seien Sie versichert, Wallenberg ist und bleibt unser."

Als sie bald darauf bei der Kirche angelangt waren, hieß der greise Priester seine Gefährten zurückbleiben, weil er allein den Beter aufsuchen wollte. Er trat also in die Halle und fand Wallenberg, der sich gerade erhoben hatte, im Begriffe, das Gotteshaus zu verlassen und in seine Wohnung zurückzukehren.

Des jungen Mannes Züge, von dem matten Lichte der vor dem Kreuze brennenden Ampel beleuchtet, waren bleich, aber ruhig. Als er seines väterlichen Freundes ansichtig wurde, flog ein Lächeln über sein Angesicht. Der Pfarrer eilte auf ihn zu, faßte seine beiden Hände und sagte im Tone innigster Theilnahme und Liebe:

„Mein Sohn, es ist Ihnen ein schweres Unrecht widerfahren; eine Beleidigung, die Sie in Ihren Gefühlen aufs Tiefste verletzen mußte. Allein Sie sehen mich hier als den Abgesandten Derer, die Sie beleidigt haben; ein unseliger Irrthum hielt sie befangen; ein schwarzer

Betrug hatte sie umgarnt. Ich komme in ihrem Namen, um Sie um Verzeihung zu bitten, ich trage Ihnen diese Bitte im Angesichte desjenigen vor, der aus Liebe zu seinen Todfeinden am Kreuze gestorben ist. Mein Sohn, der Ort, an welchem ich Sie finde, bürgt mir für Ihre Gesinnung. Sie haben die Beleidigung, die Ihnen zu= gefügt worden ist, verziehen und vergessen!"

Das Auge des Jünglings erfüllten bei diesen ergrei= fenden Worten seines Seelsorgers große Thränen.

„Mein Vater," entgegnete er leise, seine Augen nach dem Kreuze wendend, „zu Füßen des Gekreuzigten, der mir so Vieles verziehen, habe auch ich verziehen und Alles vergessen."

„O Gott Dank, heißen Dank," rief der Greis, freu= dig den jungen Mann in seine Arme schließend. „Ich wußte, daß Wallenberg ein treuer Schüler seines Hei= landes ist."

Dann führte er ihn hinaus zu seinen beiden Beglei= tern. Sobald Winterberg seiner ansichtig ward, eilte er auf ihn zu, und bat ihn in den rührendsten Ausdrücken um Verzeihung; und alle drei ersuchten ihn sodann in= ständigst, mit ihnen in den Verein zurückzukehren. Wal= lenberg unterbrach sie sofort mit der Versicherung, daß er Alles vergessen habe und bat sie dringend, über das Vorgefallene nicht mehr zu sprechen. So begaben sie sich auf den Rückweg nach dem Vereinslocale. Unterwegs erzählte der Pfarrer, auf welche Art er von dem Plane der Gegner Kenntniß erhalten. Dieselben hatten sich

nemlich schon bei Zeiten im „Russischen Hofe" eingefun=
den und daselbst über ihr Vorhaben laut gesprochen und
sich über die Leichtgläubigkeit lustig gemacht, mit welcher
sich Winterberg von dem justizräthlichen Schreiber „den
Bären habe aufbinden lassen". Das ein= und ausgehende
katholische Dienstmädchen war durch die häufige Erwähn=
ung des ihr bekannten Eisenhändlers und des katholischen
Vereines aufmerksam geworden, und hatte, nachdem es
nach und nach den ganzen Plan erfaßt, sofort unter
einem unscheinbaren Vorwande das Haus verlassen, um
zum Pfarrer zu eilen und ihm das Ganze mitzutheilen;
worauf dieser sich sogleich in das Local begeben hatte, um
die scandalöse Scene zu verhüten. Bald nachdem der
Pfarrer seine Mittheilungen beendigt hatte, langten sie
beim Vereinshause an. Als sie auf den hellerleuchteten
Vorplatz traten, stießen sie auf Königsheim und Brod=
mann, die von dem Warten in Wallenbergs Hause er=
müdet, auf Kundschaft ausgegangen waren. Als sie
Wallenberg mit heiterem Angesichte in Begleitung des
Pfarrers und der zwei anderen Vereinsmitglieder dem
Locale wieder zuschreiten sahen, sahen sie einander betrof=
fen an und bogen eiligst in die nächste Straße ein.
Winterberg aber konnte sich, schon um sich selbst ein we=
nig Genugthuung zu verschaffen, nicht enthalten, ihnen
spöttisch nachzurufen: „Gute Nacht, meine Herrn; wer
andern eine Grube gräbt, fällt selbst hinein."

Der Leser vermag sich leicht zu denken, wie Wallen=
berg bei seinem Wiedereintritte in den Saal empfangen
wurde. Die guten Männer suchten ihr Unrecht auf jede

mögliche Weise wieder gut zu machen. Sie drängten sich
um ihn, drückten ihm die Hände und baten ihn instän=
dig um Entschuldigung und Verzeihung. Als sich dann
der Pfarrer, nachdem er Wallenberg an den Tisch des
Vereinsvorstandes geführt, erhob, um denselben als neues
Vereinsmitglied anzukündigen und die übliche Frage stellte,
ob Niemand aus der Gesellschaft etwas gegen seine Auf=
nahme zu erinnern oder einzuwenden habe, da antwor=
tete Winterberg im Namen Aller dadurch, daß er auf
das neue Vereinsmitglied ein dreimaliges Hoch ausbrachte,
in welches die ganze Versammlung freudig einstimmte.
Der Rest des Abends verfloß in ungetrübter Heiterkeit,
und als man sich endlich trennte, gaben Kohle und Win=
terberg dem neuen Vereinsbruder das Ehrengeleite bis
zu seiner Wohnung, wo der Eisenhändler nochmals für
seinen übelangebrachten Eifer um Verzeihung bat und
hoch und heilig versprach, in Zukunft nicht mehr so leicht=
gläubig und aufbrausend sein zu wollen; ein Verspre=
chen, das er nach jeder übereilten Handlung feierlich
abzulegen pflegte, um bei der nächsten Gelegenheit wie=
der in den nemlichen Fehler zu verfallen.

Als Wallenberg in sein Zimmer trat, meldete ihm
die alte Dienerin, daß Herr Dr. Königsheim mit einem
ihr unbekannten Herrn Brodmann aus K. ihm einen
Besuch hätten abstatten wollen und daß sie nach eini=
gem Warten fortgegangen seien mit dem Versprechen,
bald wieder zurückzukehren; daß sie aber ihr Versprechen
nicht gehalten hätten.

„Es war das Klügste, was sie thun konnten, Mar=
gareth," entgegnete Wallenberg lächelnd; und sie wer=

den sich wohl auch nie mehr blicken lassen. Sollten aber dennoch sie oder ein anderer aus der Gesell= schaft vom „Russischen Hofe" mich mit ihrem Besuche beehren wollen, so wird derselbe, wenn ich ihn über= haupt annehme, auf jeden Fall sehr kurz sein; denn zwischen ihnen und mir ist das Tischtuch für immer ent= zweigeschnitten."

Damit wünschte er der Alten freundlich „gute Nacht," und begab sich zur Ruhe.

Schluß.

In den folgenden Tagen bildete die so unerwartete Bekehrung des jungen Wallenberg, dessen Erklärung jetzt im „Volksblatte" erschienen war, in allen Kreisen das Stadtgespräch. Seine ehemaligen Gesinnungsgenossen verbargen ihren Aerger hinter einer Fluth von Spott- und Hohnreden, während die katholischen Herzen die innigste Freude empfanden. Wallenberg selbst fühlte sich überaus glücklich und zufrieden; man sah ihn täglich in der heiligen Messe, wo er mit einer rührenden Inbrunst betete. Mehreremale in der Woche nahte er sich dem Tische des Herrn; bei allen Andachten war er zugegen; kurz, wie er früher der Gemeinde ein Gegenstand des Aergernisses gewesen, so war er ihr jetzt ein leuchtendes Beispiel der Frömmigkeit. Abends besuchte er häufig das Grab seiner Eltern, wo er oft stundenlang verweilte. Späte Kirchhofbesucher hatten gesehen, wie er dort lange Zeit hindurch mit ausgespannten Armen betete. Seine Züge aber wurden mit jedem Tage bleicher, seine Augen matter. Die Unregelmäßigkeiten und Verirrungen seines früheren Lebens äußerten ihre verderblichen Wirkungen. Der greise Pfarrer suchte vergebens mit Hülfe erfahrener Aerzte den heranschleichen-

den Tod noch aufzuhalten. Wallenberg ertrug sein
Leiden mit rührendster, gottergebenster Geduld. Er
sehnte sich mit heißem Verlangen nach dem Tode.

An einem der letzten Septembertage begab er sich,
wie gewöhnlich, zu dem ihm so theuren Elterngrabe,
um zu beten. Er fühlte sich außerordentlich weich ge-
stimmt; sein Gebet am Grabe wurde immer inniger und
glühender; ganz versunken in Gott hatte er für die
Außenwelt keine Aufmerksamkeit und gewahrte es nicht,
daß der Himmel trübe wurde und sich mit Regenwol-
ken immer dichter verhüllte. Erst als der Regen schon
in dicken Tropfen niederfiel, wachte er aus seiner Betrachtung auf und begab sich, nachdem er noch einen
eiligen Kuß auf das vergoldete Krucifix des Grabstei-
nes gedrückt hatte, auf den Heimweg. Der Regen er-
goß sich bald in Strömen, so daß er bis auf die Haut
durchnäßt und zitternd vor Frost in seiner Wohnung
anlangte.

Die alte Magd empfing ihn mit besorgten Blicken
und nöthigte ihn, sich sogleich zu Bett zu begeben. Allein
ihre Fürsorge kam zu spät. Eine Stunde nachher
lag Wallenberg schon in den heftigsten Fieberphanta-
sien. Der eiligst herbeigerufene Arzt schüttelte bedenklich den Kopf und sagte leise zur Magd gewandt:

„Mit Ihrem Herrn ist's zu Ende; rufen Sie den
Herrn Pfarrer."

Es dauerte nicht lange, da stand der Priester am
Krankenbette; das Fieber ließ erst gegen Morgen etwas
nach; aber Wallenbergs Kräfte nahmen zusehends ab.

Ein frohes Lächeln umspielte seine Lippen als er seinen greisen Freund am Bette gewahrte; er ergriff seine Hand und hielt sie lange in der Seinigen fest.

„Dank, Dank, Vater, für Ihre Güte," flüsterte er leise; „ich fühle es, mein heißester Wunsch geht bald in Erfüllung, mein Ende naht."

Die Thränen flossen dem alten Manne bei diesen Worten unaufhaltsam über die Wangen.

„Freuen Sie sich, mein Sohn," antwortete er mit zitternder Stimme, „daß Sie diese Welt verlassen dür= fen; o wie gerne möchte ich mit Ihnen scheiden."

Nach wenigen Minuten des Schweigens beugte er sich über den Kranken und flüsterte ihm leise zu:

„Mein Sohn, haben Sie noch etwas auf dem Her= zen, das Sie ordnen möchten, ehe ich Ihren Erlöser Ihnen zum letzten Male bringe?"

Bei diesen Worten zog ein Ausdruck himmlischen Friedens über die Züge des Sterbenden; er drückte das Krucifix, das er in den Händen hielt, fest und innig an die bleichen Lippen und sprach:

„Nein, mein Vater; ich bin vorbereitet; eilen Sie, mir das heiligste Sakrament zu bringen; ich möchte so gerne recht bald meinen Heiland empfangen."

Der Pfarrer eilte fort, während die alte Magd den Tisch für das Allerheiligste bereitete.

Wallenberg lag ruhig betend auf seinem Lager. Als er das Glöckchen vernahm, welches ihm die Ankunft seines Erlösers verkündigte, flammte eine leichte Röthe über seine Wangen.

„Jesu, Jesu. komm zu mir," betete er leise, „o, wie sehn' ich mich nach dir."

Als er die heilige Communion und die letzte Oelung empfangen hatte, sank er in die Kissen zurück und wiederholte mit schwacher Stimme die Gebete, welche der Pfarrer ihm vorsprach.

Nach einiger Zeit machte er eine leichte Bewegung, als ob er etwas sprechen wollte. Der Priester beugte sich über ihn.

„Grüßen Sie," flüsterte der Sterbende ihm zu, „De= can Rentlitz zu Weilerau, und sagen Sie ihm und Pa= ter Theodosius im Kloster Friedenthal meinen innigsten Dank. Vergessen Sie — meiner — im Gebete nicht. — Mahnen Sie — meine ehemaligen Genossen — wenn ich gestorben — daß sie umkehren — es gibt nur eine katholische — Kirche und die hat ihr Ober= haupt zu — Rom. Meine letzte — Bitte an sie — ist, daß sie nicht altkatholisch — sondern katholisch leben und sterben möchten. — Katholisch sterben — ist — so süß."

Die Anwesenden, die um das Bette knieten, wein= ten laut.

Die Athemzüge des Sterbenden wurden immer lang= samer und schwächer. Plötzlich erhob er sein Haupt; seine Augen richteten sich in seliger Freude in die Ecke

des Zimmers; „Vater" — „Mütterchen" — o Dank,
— ich komme." —

Dann sank er zurück und war eine Leiche.

Nach einigen Augenblicken tiefen Schweigens erhob
sich der Pfarrer; aus seinen Augen perlten große Thrä=
nen. Er machte das Zeichen des heiligen Kreuzes über
die Leiche und drückte ihr sanft die Augen zu.

———

Noch selten hatte M. ein Leichenbegängniß gesehen,
wie das des jungen Wallenberg. Fast die ganze ka=
tholische Gemeinde folgte dem Sarge zum Friedhofe.
Unter den Leidtragenden befand sich auch Decan Rent=
litz. Von dem Todesfalle in Kenntniß gesetzt, war er
gekommen, um seinem jungen Freunde die letzte Ehre
zu erzeigen.

Am Tage vor dem Begräbnisse hatten die Schwe=
stern sein stilles Städtchen verlassen. Tausende gaben
ihnen das Geleite bis weit vor die Stadt. Die Kleinen
hingen an ihrem Halse, hielten sich an ihren Kleidern,
und bedeckten ihre Hände mit Küssen. Ein lautes Weh=
klagen aber erhob sich, als „der Trostengel," Schwester
Amalie, sich von den Kindern trennte, die sich stürmisch
und laut weinend um sie drängten Es war eine er=
schütternde Abschiedsscene, kein Auge blieb trocken. Als
die armen Schwestern sich endlich losgerissen hatten
und der Wagen mit ihnen davonfuhr, hallte ihnen der
durch Thränen halb erstickte Ruf nach: „Auf Wieder=
sehen." Der Decan hatte sich mühsam beim Abschiede
beherrscht. Als der Wagen den Augen der Gemeinde

entschwunden war, winkte er den Kindern und Eltern und richtete eine kurze, ergreifende Ansprache an dieselben.

„Die Schutzengel," so lauteten seine letzten Worte an die Eltern, „welche Eure Kinder bisher bewachten, mußten uns verlassen. Die Thränen, die ich in Euer aller Augen sehe, legen das beste Zeugniß dafür ab, was Ihr und was ich, euer Seelsorger, in ihnen verloren habe. Laßt uns hier unter Gottes freiem Himmel das feierliche Versprechen ablegen, unser Gebet, unsere Wachsamkeit von nun an zu verdoppeln, damit die Absichten derer, die uns diese Wunde geschlagen, vereitelt werden, damit keines aus diesen Kleinen an seiner Unschuld Schaden leide." Die ganze Versammlung antwortete laut und feierlich: „Das geloben, das wollen wir."

Inhalt.